T0278767

Todo lo que MI NOVIO debe saber sobre FEMINISMO

Todo lo que MI NOVIO debe saber sobre FEMINISMO

Mara Mariño

Grijalbo

Penguin
Random House
Grupo Editorial

Primera edición: septiembre de 2023

© 2023, Mara Mariño García
© 2023, Penguin Random House Grupo Editorial, S. A. U.
Travessera de Gràcia, 47-49. 08021 Barcelona

Printed in Spain – Impreso en España

ISBN: 978-84-253-6504-1
Depósito legal: B-12.079-2023

Compuesto en Pleca Digital, S. L. U.

Impreso en Black Print CPI Ibérica
Sant Andreu de la Barca (Barcelona)

GR 6 5 0 4 1

Dedicado a todos mis exnovios,
por conducirme a la persona de la que me enamoraría:
yo misma

(P.D.: ¿Qué tal en el infierno?)

ÍNDICE

INTRODUCCIÓN

(PARA QUE SEPAS DE QUÉ VA LA COSA)

Tuve un novio al que no le gustaba cómo vestía y quiso cambiar mi armario para que fuera más provocativa. Otro me avisaba cuando empezaban a asomarme los pelos de las axilas para que me depilara. Otro quería que fuera rubia porque prefería las rubias a las castañas. Otro consideraba que me gustaba demasiado marcar culo con los vaqueros. Otro rompió conmigo porque me negué a dejar de trabajar. Otro me compró la píldora del día después sin preguntarme si estaba a favor de tomarla. Otro se dedicó a controlar mi vida, me llamó loca, me forzó a tener sexo y me pegó.

De ellos aprendí que lo que no te mata te hace feminista.

PRÓLOGO

QUERIDO FUTURO NOVIO

¿Sabes lo que es entrar en un baño y no tener que compartirlo con el de personas con movilidad reducida ni con un cambiador de bebés? ¿Tener tu propio espacio para hacer pis? Es
un privilegio masculino. No esperabas que rompiera el hielo
hablándote de los servicios, ¿verdad? Creo que es un ejemplo
clave para usarlo a modo de presentación.

Hola, me llamo Mara y seremos pareja en algún momento. O lo que sea. Sí, sí, lo digo en serio. Tú no me conoces,
pero yo a ti sí. He estado con muchos como tú, y la cosa ha
terminado como el rosario de la aurora. Así que he pensado
en escribirte este libro para ahorrarte el destino de tus ante-
cesores y que seamos felices todo el tiempo que podamos. El
que sea, da igual, pero que estemos bien. ¿Cómo? ¿Que no sé
nada de ti, dices? Me gustaría creerlo. Pero déjame que te
cuente algo que, a pesar de que es nuestro primer contacto, ya
sé de ti.

Para empezar, estás leyendo esto con una mezcla entre
curiosidad y sorna. Qué vas a necesitar saber sobre feminismo, ¡si no podrías estar más de acuerdo! Claro que quieres
que las mujeres y los hombres seamos iguales, ¿cómo ibas a
oponerte? Pero hay más, y empieza por ti y por mí. Comienza

por el hecho de que nunca (o casi nunca) has visto llorar a tu padre y siempre has querido parecerte a él. Para ser como mamá —cariñosa y algo más sensible, con las emociones a flor de piel—, ya estaba tu hermana. Tú querías ser fuerte y valiente. Por eso desde pequeño jugabas con musculosos muñecos de acción, y lo más divertido era que siempre se peleaban. Y armas, muchas armas, por supuesto. Sabías diferenciar los colores de tu caja de Plastidecor (tu favorito era el azul) y el arsenal de pistolas con la misma facilidad. En el colegio aprendiste que el que llora es un «nena» o un «maricón», así que evitabas que nadie te pillara derramando una lágrima. En cambio, estaba bien visto dejar salir todo ese agobio o frustración reventando la pelota de fútbol a patadas o empujando al colega del otro equipo (y hasta tirándole al suelo, si era necesario).

Las chicas de tu clase eran eso que al principio te daba vergüenza pero luego te produjo curiosidad. Y tus amigos te enseñaron trucos para conquistarlas: la mejor forma de llamar su atención era molestarlas, porque si tenías un detalle bonito podían acusarte de cursi. Un tirón de pelo, decirle que era fea —para que no supiera que te imaginabas yendo de la mano con ella— o tirarle el estuche al suelo eran tus estrategias favoritas. Si no estaba interesada o le gustaba otro, tus amigos te consolaban con el «Es una guarra». Lo mismo que has oído durante la etapa universitaria. Pero bueno, hay otras formas de pasarlo bien, de estar con chicas. Y nada parece más gracioso que tocar culos en la discoteca cuando vas con tus amigos. La cara que se les queda a ellas es tan divertida que luego la imitáis hasta la saciedad. Lo compartís todo: las batallitas nocturnas, los partidos de la liga de fútbol, los viajes, los planes y hasta las fotos de las chicas por WhatsApp. «Mira la que me follé el otro día», y tú sigues la conversación diciendo que sí, que está buenísima, aunque en el fondo te sientes un poco mal. Ella ha mandado un selfi íntimo en su habitación; si haces *zoom* ves todos sus peluches en la cama del fondo. Seguro que no esperaba terminar en la galería de fotos de catorce chicos más.

Hasta que llega un día en que tienes novia —aún no hablamos de mí, yo llegaré a tu vida más adelante— y te preocupa lo que le pueda pasar porque sabes cómo eres, cómo sois. No quieres que suba una foto, que salga con su amigo del instituto o que se maquille demasiado. Todo por protegerla. O eso crees. Más bien por controlarla, porque es también lo que viste en *El rey león* y *Aladdín*: te encargas de solucionar los problemas, es tu responsabilidad. Tu papel como hombre de la relación. No quieres decirlo muy alto, pero algo en ti se alegra cuando te cuenta que no ha estado con muchos o que se tomará su tiempo para vuestro primer encuentro sexual. Chsss, tranquilo, quedará entre nosotros, te lo prometo. Por eso te frustras el triple cuando queda con un exnovio, cuando ves que vuestros salarios son algo diferentes (el de ella es más alto) o cuando te plantea que, si la familia crece, te encargues tú de la crianza, porque su carrera es más prolífica que la tuya. Entonces vuelve esa vergüenza, ese miedo, esa inseguridad de no ser el hombre que se espera de ti. Tu masculinidad se desmorona y te parece más relevante eso que lo bonito que sería encargarte de tus hijos y pasar tiempo con ellos (algo que, por cierto, la mayoría de los padres se han perdido).

Así que, como ves, te conozco, te tengo calado. Sé lo que te preocupa —más allá de la Champions o el campeonato de turno—, con lo que sueñas y lo que te ofrece la tranquilidad de lo cómodo, lo que funcionaba hasta ahora. Y puesto que sé bastante sobre ti, te escribo esto porque, como te he adelantado, seremos pareja y, antes de empezar, tenemos esta charla pendiente. Vienes así de serie, con todo eso a tus espaldas. Con este libro te invito a un cambio revolucionario: mandar todo eso a tomar por culo. Pero para ello no basta con sentarte en casa, seguir en Twitter a la feminista más viral del momento y de vez en cuando dar like a las historias de tus amigas cuando llega el 8M, reposteando a modo de apoyo (que también está muy bien). Necesito más de ti. Necesito que cojas esa masculinidad que has ido acumulando con los años y la uses para darle un puñetazo en el ojo al patriarcado. Y no basta con que te plantees lo que traes. Tienes que hacer un ejercicio, uno enorme: escuchar a las mujeres y ponerte en nuestra piel.

Con esto te abro mi vida y la de mis compañeras, nuestras vivencias más oscuras y las que parecen más tontas, pero nos pasan factura. Lo que nos hace sentir desde ver a una modelo en Instagram con un filtro a que un caso de violencia sexual se convierta en un juicio mediático. Te hablaré del placer de no llevar sujetador y que te boten las tetas, del gustito que da peinarse los pelos del pubis con la mano, de practicar sexo anal a nuestra pareja cambiando los roles y del miedo de volver a casa sola. Porque así entenderás la dimensión del problema al que nos enfrentamos y lo mucho que te necesitamos para arreglarlo. Olvídate de que eres el que tiene que saber cambiar el aceite del motor o cómo abrir la caja de herramientas y vente conmigo.

Primera Parte

LAS EMOCIONES

Una vez roto el hielo, ha llegado el momento de entrar en materia, que a eso has venido. Vamos a preguntarnos cómo te relacionas con quienes te rodean, pero también contigo. Mi idea es que te sientas un poco menos solo durante el proceso, porque sí, sé lo solitario que puede resultar ser hombre en estos tiempos. Un amigo me comentaba hace poco: «La sociedad quiere que seamos otro tipo de hombre, pero nadie nos explica cómo serlo». Ni cómo serlo ni cómo hablar de ello, me atrevería a añadir.

De hecho, es una de las razones por las que los hombres se suicidan más que las mujeres. El año 2020 fue significativo, con un 74 por ciento de suicidios de hombres y un 26 por ciento de mujeres. El INE recabó que los que más suicidios cometieron fueron los hombres de entre cuarenta y cincuenta y nueve años, aunque los expertos han aportado las razones. Por un lado, os cuesta más expresar vuestras emociones, decir lo que sentís y ser capaces de abriros más allá de un escueto «Todo bien». Además, está la idea de que el hombre que pide ayuda es débil, y todo porque socialmente se espera que tenga un rol de poder y fuerza. ¿No te parece injusto que esos dos factores lleven a los hombres a quitarse la vida? Así que, para evitar que te sientas aislado (porque apoyo no te falta), voy a presentarte a la nueva masculinidad.

La nueva masculinidad no suena bien (la sinceridad por delante, que es la base de toda buena relación, incluso de las imaginarias, como la nuestra). Es como cuando se hablaba de la «nueva normalidad». ¿A quién le gustó eso? ¡Queríamos la antigua! Sin embargo, tenemos que olvidarnos de las emociones encontradas que nos provoca el nombre y fijarnos en lo que consiste, porque la nueva masculinidad se carga todos los valores tradicionales que llevas viendo en tu familia, en las series, los libros y las películas acerca de lo que es ser hombre: la figura fuerte, el padre de familia, el que nunca llora y siempre soluciona los problemas, el que mide su éxito en dinero y mujeres.

Pues déjame que te diga que la nueva masculinidad se adapta a ti, a quien eres y a lo que necesitas, y se preocupa por tu salud mental. Porque, eh, también te mereces que te cuiden, te quieran, te consuelen cuando estás triste, te apoyen y te ayuden a solucionar un problema (que no eres Wikipedia, no tienes todas las respuestas), te escuchen si quieres desahogarte y te den un Gelocatil si tienes un tremendo dolor de cabeza.

Pero para llegar a ese punto necesito que hables, que te abras, que no vayas de tío duro, sino de ti. Que te permitas ser vulnerable conmigo (o con quien quieras). Y también que lo apliques cuando nos conozcamos. Porque hay mucho mito de que si quiero un tío que pase de mí o que se muestre indiferente conmigo, y no es así, al contrario. Más que nada porque, como decía mi amigo, ha llegado el momento de ser otro tipo de hombre. El líder de la manada que salía a cazar se nos ha quedado antiguo. Prefiero estabilidad mental antes que fuerza física, y estar con una persona que entienda que quiero desarrollarme en el plano laboral y no despedirme de mi trabajo para ocuparme de una crianza de niños que principalmente recaerá en mí.

Nos rodea una presión invisible en forma de los estímulos que refuerzan tu masculinidad (cuando tus amigos te vitorean por darle una patada a un coche, por ejemplo) y es una mochila con la que cargas desde pequeño. Como lo tienes tan interiorizado, pensar que quizá no es la mejor forma de relacionarte es una grieta que te revienta. Pero ser consciente de que algo no está bien es lo primero, pues ya estás reconociendo que existe algo con lo que no te sientes del todo a gusto y, una vez identificado, puedes cambiarlo. Aprende a responsabilizarte de lo que has hecho, de tu pasado machista. Un pasado que yo también tengo, ¿eh? No creas que soy una erudita del feminismo… Mi deconstrucción será el proceso de toda mi vida. Para trabajar en ello tienes que pensar, y mucho, en esas contradicciones que aún te pesan: el doble rasero cuando se trata de la vida sexual de tus amigos y de la chica que te gusta, las expectativas de tu desarrollo profesional y del de ella… Porque eso solo te produce malestar y un sufrimiento constante que encima no puedes compartir porque, hasta ahora, no tenías con quién hablar de ello.

Aquí se unen las dos caras de una misma moneda. Por un lado, gracias a la independencia económica en la que la mayoría hemos sido educadas y a la que nos hemos desprendido de muchos mitos románticos, las mujeres hemos aprendido a estar solas y a disfrutar de ello. Ya no necesitamos a un hombre al lado para tener una cuenta bancaria —algo que nuestras abuelas no pudieron hacer hasta 1975—. Si encima la pareja a la que podemos aspirar quiere que renunciemos a lo que nos hace sentir realizadas y felices, se explica por qué, según el informe del Urban Institute de Washington D. C., más del 30 por ciento de las *millennials* seguiremos solteras a los cuarenta (mientras que el 82 por ciento de las de la generación que nos precede estaban casadas antes de cumplirlos; no sé cuántas se habrán separado, ese dato ya no lo tengo). Todo esto se resume en que necesitamos igualdad en las relaciones y en las emociones. Y quizá significa que ha llegado el momento de dar con alternativas a algunos de tus comportamientos. Pero eso no significa que esté aquí para juzgarte, al contrario. Quiero ayudarte para que seamos ese equipo que creo que podemos formar (ríete tú de los X-Men, nos los comemos con patatas). Ese en el que nos involucremos a partes iguales, en el que te responsabilices a nivel afectivo, en que sepas que me puedes invitar a una copa aunque sea feminista, en que el hecho de que me contestes tras catorce horas y treinta y siete minutos no hace que me resultes interesante, sino que me lleva a pensar que es complicado mantener una conversación contigo y que me da pereza seguir hablando. Es también que trabajes tu empatía, que te pongas en mi lugar, que valides mis emociones y que no las taches de exageradas, y, de paso, a mí de loca.

Que te permitas sentir porque te quiero con todo, con tus emociones buenas y las no tan buenas. Aunque las negativas tienes que trabajarlas un poco, no nos vamos a engañar. Y tienes que hacerlo de manera que tu autoestima no dependa de ellas. ¿Cómo te quedas si te digo que el rechazo es un factor que afecta a la percepción que tenéis los hombres del mundo?

Según un estudio del *Adaptive Human Behaviour and Physiology*, que yo te diga que no me apetece salir contigo puede cambiar tu punto de vista en cuestiones tan básicas (e indiscutibles) como el salario mínimo o el acceso al sistema sanitario.

¡Es flipante! ¿Cómo vas a preferir que la gente muera de una reacción alérgica por picadura de avispa solo porque te he dicho que no hay química entre nosotros? Bueno, ya hablaremos del fenómeno InCel (hombres que son célibes involuntariamente y forman comunidades virtuales para expresar su malestar por no tener relaciones románticas ni sexuales con mujeres). Y de gurús del amor, por supuesto, esos coaches que hace años decían que era buena señal que una chica no quisiera tener sexo contigo en la primera cita pero ahora sostienen que, de no hacerlo, esto es una *red flag* y tienes motivos más que de sobra para sentirte ofendido e inferior al resto de los tíos con los que se ha acostado.

¿Es mucho que procesar? Sí. ¿Tienes que hacerlo ahora mismo? No. ¿Te voy a acompañar en el camino? Al cien por cien. ¿Tortilla? Con cebolla.

1

HEMOS VENIDO
A SEDUCIRNOS

Esta es la historia de chico conoce a chica. Chico le pregunta si la puede invitar a una copa. Chica le dice que no. Chico sigue dándole conversación pese a que ella no se siente cómoda, porque ha interrumpido algo importante que le estaba contando a su amiga. Chica le pide que las deje solas. Chico la llama «borde» y le recomienda de malos modos que tampoco se lo crea tanto, que no le parecía tan guapa.

Pero ¿cómo no se nos va a dar fatal ligar? En el colegio, si te gustaba una chica, lo más probable era que tus compañeros se metieran contigo. No podías ser cariñoso sin ser motivo de burla. Así que optabas por tratarla como a ellos. A ver si tirándole del pelo o empujándola por el pasillo se daba cuenta de que te molaba. La cosa va a mayores cuando ella, aterrorizada, les cuenta a sus padres que hay un chico que no la deja en paz, y piden una reunión contigo y los tuyos. Menos mal que todo queda saldado con un «Son cosas de niños» y el típico «Los que se pelean se desean». Zanjan el tema diciendo que os gustáis y punto.

Si esa era tu manera de cortejar, con el visto bueno de los adultos de tu alrededor, ¿cómo no vas a tener la cabeza hecha un lío si nadie te enseñaba a actuar con un poco de ternura?

Además, también sentías la presión de que se esperaba que fueras detrás de ella. En las películas y en los cuentos siempre era el chico el que debía rescatar a su enamorada. Y si tú no mueves ficha, te da la sensación de que nadie más lo hará. Lo cual tiene sentido, porque mientras a ti te dicen que lleves la iniciativa, a nosotras se nos anima a esperar. No vaya a ser que llevemos la voz cantante y eso intimide, porque se supone que lo tiene que hacer la otra persona.

Este es uno de los aspectos que más me gustan del feminismo: ha llegado para cargarse todas esas ideas de que unos persiguen o cazan y las otras son presas fáciles, y nos ha puesto a todos en el campo de juego. Hala, quien quiera algo, que espabile, da igual del bando que sea. Si quieres peces, tienes que mojarte los pies, o algo así dice el refrán.

Entonces vamos a ponernos en que he dicho «Esta es la mía». Me cruzo la fiesta, me planto a tu lado —mojándome los pies del *mix* de suciedad y cerveza derramada de la clásica discoteca o bar— y te digo: «Hola, soy Mara. No nos han presentado, así que he decidido hacerlo yo». Pongámonos en que hablamos, te encanta la conversación (porque nos hemos enfrascado en discutir qué ficciones de la Tierra Media nos gustan más) y te pido tu cuenta de Instagram. Me la das, te empiezo a seguir y al día siguiente quedamos para tomar algo por el centro.

Aquí entran los aprendizajes de todas las revistas femeninas (culpables de mis ridículas expectativas sobre cómo debo arreglarme para una cita, aunque no haya nada que arreglar). El ritual de preparación es casi tan exhaustivo como una peregrinación a Lourdes (y su duración está más o menos ahí ahí). Las mujeres solemos empezar por la mañana temprano con algo de yoga y meditación. Luego nos plantamos la mascarilla para el pelo, que debe estar una hora para que haga efecto. Nos tomamos un bol de muesli y empezamos con las uñas: cortar, limar, esmaltar… Depilación —que no falte la imagen de nuestras actrices favoritas en las películas pasándose la cuchilla para que les queden las piernas suaves como la seda—, masaje con el guante que exfolia (aunque deje la piel roja como un tomate), ducha e hidratante por todo el cuerpo.

Ahora toca elegir la ropa y estresarnos cuando descubrimos que no tenemos nada que ponernos. Agobiarnos es una parte fundamental del proceso: más te gusta él, menos ropa encuentras con la que te sientas bien. Ese vestido es demasiado; los vaqueros, muy informales. Mucho escote no, no queremos insinuar deseo —socialmente está fatal visto, como sabes—, pero tampoco es plan de llevar cuello alto en mayo. Es como hacer equilibrios entre querer vernos bien y no provocar demasiado porque «Eso no lo hace una buena mujer». Ahora pienso que al carajo ser una buena mujer, con lo bien que queda un corte en V. Pero bueno, solemos acabar con algo que no nos convence, un poco de tacón para que la pierna parezca más larga, chicles en el bolso para que no nos huela el aliento al pimentón de las patatas bravas, un par de condones —nunca se sabe— y colonia en las muñecas, el cuello, detrás de las orejas y cinco litros en la chaqueta. Diecisiete horas, veinte minutos y dos solsticios más tarde, lista para salir de casa.

Seguro que tú solo has necesitado diez minutos para cambiarte el pantalón de chándal por un vaquero, y tu único requisito a la hora de escoger la camiseta habrá sido dar con una limpia.

Y todo se resume en que nos han repetido hasta la saciedad que tenemos que gustar y ser deseadas. Pero joder, es que también deseamos. ¿O crees que cuando vas al baño a hacer pis no te miramos el culo mientras te alejas? Lo hacemos, pero somos más discretas. Me encantaría que tuviéramos el mismo poder de sexualizar el cuerpo masculino y que en los armarios de los hombres heterosexuales empezaran a aparecer camisetas con transparencias, cortes que dejen los pelos del pecho a la vista y pantalones cortos que revelen esos muslos maravillosos gracias al fútbol.

Cuando nos vemos en vivo y en directo podemos dar rienda suelta a los piropos. Sí, se nos pueden decir. Pero no es lo mismo soltarle un «Qué guapa estás» a la chica con la que estás tomando algo porque os apetecía pasar un rato juntos que a una desconocida que pasa por la calle. Voy por el primer capítulo y temo que, con lo que te voy a decir, no llegues al segundo, pero tengo que coger el toro por los cuernos si quiero que seas mi novio. Los piropos que se sueltan así:

1. No los he pedido, es decir, no me has preguntado si me puedes decir algo.
2. Son sobre mi físico, por lo que me estás reduciendo a la apariencia, y como persona soy un todo, no una fachada.
3. Provienen de un total desconocido.

Me da igual que tengas una cara que parece esculpida por Miguel Ángel y el cuerpo de un modelo de bañadores. No te conozco de nada, y ese tipo de interacción puede hacerme sentir desde incomodidad hasta miedo. Y si encima lo haces delante de tus amigos para que vean que eres un conquistador, la preocupación aumenta. A todo esto, he revisado los datos y sé el número de mujeres que han terminado saliendo con hombres que les han gritado algo por la calle: cero. Acosar verbalmente no es lo mismo que ligar. Puedes piropear con respeto y aprovechar para hacerlo de manera más feminista diciendo que te gusta cómo te hace sentir esa persona, cómo piensa o algo que no esté relacionado con el físico.

¿Sabes lo increíble que es que te digan «Me gusta que me hagas sentir como en casa»? Le da mil vueltas a «Qué ojos tan bonitos». Claro que puedes decirlo, y es normal que nos entremos por la vista, pero un poquito de variedad, por favor. También te digo, como feminista, que si me dices «Vaya culazo, cómo se te notan las sentadillas del gimnasio», me va a sentar de maravilla, pero siempre acompañado de otro tipo de piropos. Alimentemos el ego físico, de acuerdo, acepto pulpo como animal de compañía, pero no nos olvidemos del emocional.

2
¿CÓMO LIGAR CON UNA FEMINISTA?

No entiendo que haya tanta confusión a la hora de ligar con nosotras (las feministas)… No somos tan raras porque no nos parezca necesario que nos sujetes la puerta. Aquí más de uno se llevará las manos a la cabeza. «Pero ¿dónde queda la caballerosidad?», se preguntará mientras sostiene el móvil mostrando el PDF de un libro del siglo XIV. Pues ahí, ahí es donde debería quedarse, no usarse setecientos años después. Con las justas y la pandemia de la peste negra, otras dos situaciones ya erradicadas. Piénsalo: la caballerosidad consiste en tratar a las mujeres como «damas». Y no lo somos.

En esa época se popularizó la tan poética y romántica imagen del soldado a caballo con una reluciente armadura que representaba al ser humano con los mejores valores: noble, fuerte, independiente, gran guerrero, valiente y triunfador. Esta idea se ha ido adaptando con el paso del tiempo. Ya no hace falta que el Lancelot moderno evite la muerte de su amada Ginebra (cargándose a los caballeros de la mesa redonda, dicho sea de paso), ahora el ideal es que se comporte como un galán, el Julio Iglesias 2.0. Pero ¿por qué la caballerosidad se convierte en tema de conversación? Y ya que hablo de guerreros, ¿no hay batallas más importantes que las feministas podamos librar? Pues mira, lo que ha conseguido el feminismo es hacernos revisarlo todo con lupa. Y para llegar a las grandes desigualdades, hay que empezar por las pequeñitas, las de base. No basta con darle una manita de pintura al coche. Si los cilindros, pistones y válvulas están rotos, no iremos a ningún lado. ¿He buscado esas palabras en Google porque no tengo ni idea de motores? Pues sí.

Pero volviendo a la caballerosidad, ahórrate esas pequeñas molestias con gestos amables como sujetar la puerta por tener más fuerza que yo. Porque a no ser que hablemos de una puerta de acero blindado (en cuyo caso tú tampoco podrás sujetarla), creo que me las puedo apañar con el taxi, de verdad. Si voy cargada y me echas una mano, genial, porque tengo el hombro medio adormilado por llevar el portátil. Veo más lógico eso, que se lo podemos ofrecer a cualquier persona, que hacerlo por la premisa de que somos tan blanditas como la gelatina.

Es muy tenso cuando, en pleno arranque de caballerosidad, encuentras a alguien que te quiere dejar «sana y salva» en la puerta de casa. Vamos a ver, tengo un metro que da gusto de lo bien que funciona (polémica del amianto aparte). Gracias, pero no, gracias. No hace falta que insistas porque te dé miedo que me cruce con alguien con malas intenciones. Es más, como sigas poniéndote cabezota, pensaré que pretendes subir a mi casa cuando lo único que quiero meter en la cama es a mi gato. Así que si te digo que me voy por mi cuenta, deséame buenas noches y a otra cosa, mariposa.

Me pone muy nerviosa cuando un hombre abre la puerta y me invita a pasar antes que él. Siempre digo: «No, no, pasa tú», y él: «No, tú», y nos quedamos en un bucle espaciotemporal, un tira y afloja en que él quiere ser caballeroso y yo no le veo sentido, porque él está más cerca. Además, es típico que, cuando te decides a pasar y poner fin a ese debate infinito, él ha pensado lo mismo y vuelta a empezar. Hay personas que han muerto ancianas en una cita con una feminista por quedarse estancadas en ese dilema hasta el fin de sus días. Hagamos lo siguiente, no cedamos el paso a no ser que veamos a la otra persona en uno de estos supuestos: con las manos ocupadas, con dificultades de movilidad o de visión o con muchas ganas de cagar. Ahí está más que justificado que sujetes y esperes.

Lo mismo con apartar la silla para que me siente. Estoy curada de espantos, porque en el colegio, cuando te hacían eso y te sentabas confiada, la apartaban hacia atrás. No me siento en una silla que me apartes a no ser que vuelva a los supuestos de antes. Bueno, quitando el de las ganas de cagar, porque lo último que querré será estar sentada en cualquier asiento que no sea el del WC.

Y sí, ser amable está muy bien. Pero si lo eres con todos, no solo los hombres con las mujeres, es decir, no si es por cuestión de género. De hecho, que mantengan una especie de comportamiento con «buen fondo» hacia nosotras está relacionado con el sexismo benevolente, el *nicewashing* de una discriminación hacia las mujeres tratándolas con cuidado y protegiéndolas. Pero, claro, cuando tratas así a la mitad de la población es porque la consideras débil y desprotegida. El único momento en que quiero que mi pareja dé un paso al frente para protegerme es si estoy hipnotizada y me ordenan que chupe un limón. Espero que hayas tomado nota, que nunca se sabe cuándo vamos a ir a un espectáculo de hipnosis.

Me confunde también lo de regalar flores. No sé en qué momento se decidió que era la mejor forma de cortejar. Creo que es lo primero que digo al conocer a alguien —e incluso lo puse en mi perfil cuando tenía aplicaciones de ligar—. «No me regales flores. Si quieres tener un detalle romántico conmigo, regálame aguacates». Aquí entran dos temas: las flores me gustan en el campo y el aguacate en la tostada (y encima es caro). He de decir que algunos pretendientes optaron por este sistema y les funcionó, así que mira, garantía de éxito.

Con esto no digo que reventemos el negocio de las flores y no volvamos a comprar un ramo, porque hay personas a las que les encantan. Y sí, digo personas. Si la humanidad entera está de acuerdo en que las flores son bonitas, ¿por qué solo se nos pueden regalar a nosotras? ¿Es que a un chico no le puede gustar tenerlas en el salón, con lo que alegran cualquier espacio? Son de colores, huelen de maravilla y quedan genial en las fotos. ¡Las flores son para todos! Y si te gustan las pipas, en la próxima cita te llevo un girasol.

Para ir terminando, no puedo hablar de ligar con una feminista sin mencionar el tema de pagar una copa o una cena. Sí, puedes hacerlo. El concepto de que el hombre tenía que encargarse de liquidar la cuenta es algo de lo que te puedes olvidar. Y tu cartera te lo agradecerá. Porque esa puedes pagarla tú, si te apetece, que yo me ocupo de la siguiente. Y así hasta que la noche termine en tablas o acabe siendo para otro día. Pero ¿habrá otro día? Parece que lo hemos pasado bien. Hasta me has puesto un wasap comentándome lo mucho que has disfrutado del plan y cuánto te habría gustado alargar ese último beso.

Ahora vamos a entrar en ese terreno pantanoso que es la «*after* cita», cuando te toca descifrar códigos para saber si lo que ha pasado puede ir a más o se queda ahí. ¿Lo malo? Que en vez de ser códigos lógicos —como decir: «Ey, me estás empezando a gustar, me pareces chu, chu, chuli» (una referencia a *Los Simpson* conquista a cualquiera)—, estamos en la etapa de la historia donde nada relativo a los sentimientos tiene sentido y todo parece funcionar al revés. En resumen: cuanto más me gustes, menos te lo demostraré.

3

ENAMORAMIENTO PASOTA O LA LEY DEL MÍNIMO ESFUERZO SENTIMENTAL

¿Sabes cuando veías la prueba de la vaquilla —pobrecitas mías, menudo estrés— en *Grand Prix* y ganaba el concursante que menos se movía? Pues el amor funciona más o menos así, solo que sin Ramontxu de fondo comentando: «Y ahí sigue… Intentando acercarse». Como que quien mejor lo gestiona es quien menos muestras da de sentirlo.

Hay varias razones que explican que vivamos así las relaciones. La primera es que no nos comprometemos con nada. Si no nos comprometemos con una plataforma de *streaming*, la compañía telefónica o el gimnasio, ¿vamos a comprometernos con una persona? ¡Ja! Tenemos muy integrada la inmediatez de todo lo que nos rodea, las noticias, los vídeos virales, las tendencias… Todo nos deja de interesar tan rápido que ¿cómo evitar que nos pase lo mismo con las personas que conocemos?

Además, ya no solo estoy yo, con quien has tenido una cita, es que si te has dado de alta en una de las apps de ligar, tendrás la sensación de que hay miles de mujeres más guapas, listas, majas y divertidas que yo al alcance de un *swipe right*. Pero lo cierto es que eso hará que te sea aún más difícil decantarte por mí o por cualquiera. Es lo que se conoce como «paradoja de la elección»: cuantas más opciones, más difícil elegir. Así que si por lo que sea no llegas a verlo del todo claro conmigo o no te esfuerzas, no te parece una gran pérdida porque hay repuestos debajo de las piedras.

Es curioso que a las *millennials* y a las que pertenecemos a la generación Z se nos haya inculcado el valor de formarnos y dedicarnos a lo que queremos. De esforzarnos todo y más para conseguir el trabajo que creemos que merecemos, la casa instagrameable o los viajes por países exóticos. La facilidad de cambiar de país cada pocos meses y de trabajar en remoto ha empequeñecido el mundo y ha acercado a las personas de cualquier parte. Volviendo al esfuerzo, es inversamente proporcional a lo que se nos ha inculcado sobre trabajar las diferencias para solventarlas: entre poco y nada. Habrás oído, como yo, la historia de esa pareja de ancianos que, al preguntarles por el secreto para llevar juntos tanto tiempo, contestaban que recibieron una educación según la cual «Si algo se rompía, se arreglaba, no se tiraba a la basura». Lo tenemos más fácil que nunca, contamos con terapeutas, tiempo, dinero y ganas de compartir, pero nos falta lo de querer hacerlo con alguien, no en solitario.

Todos estos factores hacen que vivamos en la era dorada del *ghosting*, el *benching*, el *breadscrumbing* y todos esos términos ingleses que vemos en TikTok y en artículos online. E internet ha simplificado todo tanto… Ahorrarnos la conversación de «Tenemos que hablar» con alguien es tan fácil como dejar de contestar a sus mensajes o bloquearlo. ¡Ya no hay que verse las caras! Y ese pasotismo se ha trasladado al caso contrario, cuando el interés es real. Nos frenamos porque tememos que nos tachen de «intensas» o de «intensos».

Y porque lo que mola es mantener la calma, como si no nos afectara lo más mínimo.

Además se añade un cambio social que se te puede haber pasado por alto: el rol masculino no es igual. Me explico: hace siglos, los hombres mantenían su estatus según sus terrenos, sus vacas/cabras/ovejas, sus hijos y su esposa. Eso les daba poder. Sin embargo, con los años, y en los últimos tiempos con el feminismo, la única posesión que te puede dar estatus es un almacén secreto de papel higiénico por si se repite la pandemia. Así que como la mujer ya no es necesaria para mantener el poder —y no necesitamos a un hombre para salir adelante, pues más o menos podemos pagarnos un estudio de treinta metros cuadrados o un viaje—, el matrimonio no tiene la importancia social de antes. Ahora el hombre que más nos encontramos no es el príncipe azul, sino Peter Pan.

Como recordarás, Peter Pan no quiere complicarse, como tú. Se siente muy feliz en el bar con otros niños perdidos —ya me entiendes, no me refiero a que cojas un grupo de menores y les des alcohol— y de juerga con las sirenas. Pero ahí está Wendy (yo/nosotras) diciéndole que tiene que ser responsable, crecer, comer, alimentarse en condiciones y no a base de patatas fritas y cerveza... Nos hemos visto relegadas al papel de cuidadoras de hombres que huyen del compromiso como si fuera un chorro de ácido sulfúrico. La nueva cumbre de la masculinidad no es casarse, sino el currículum sexual. De hecho, cuantas más mujeres, más se admiran entre ellos. Es su nueva forma de enfrentarse. Ya no es cuánto me mide, sino usarla como vara de medir conquistas sexuales. Porque sangrarían, que si no estoy segura de que más de uno se haría una muesca en el pene cada vez que lo usara en compañía para presumir de números.

Y cuando lo que más se celebra entre tu grupo de amigos son las batallitas donde salen más nombres de mujeres que en la consulta del ginecólogo, ennoviarse produce el efecto contrario. Spoiler: tus amigos irán de luto cuando digas que tienes pareja. Para ellos será como si hubieras caído en la batalla y, de verdad, se compadecerán de ti (y más si terminas casándote), porque eso significará que se te ha acabado la diversión. Ya ni hablo de tener hijos. ¿Quién va a querer subirse al carro de cambiar pañales cuando puedes ver Netflix, HBO, Prime Video, tener sexo casual y jugar con ellos dos veces por semana en el equipo que habéis montado? Aquí cabe mencionar también el doble rasero. Porque mientras que tú podrás ser visto como un tío interesante cuando rondes los treinta, si sigues soltero, con tu trabajo y tu vida social de irte más de festival que a ver a tus abuelos, a nosotras se nos retrata como solteronas y como vaginas con patas que buscan bebés por el tictac del reloj biológico que, aprovechando la historia de Peter Pan, nos persigue como el cocodrilo a Garfio. Tranquilo, que no es el caso. La mayoría de las solteras lo son por elección, y les va de maravilla. Son tías exitosas, felices, que van a terapia, tienen un perro precioso y pagan su hipoteca. Eligen si quieren llevar a alguien a casa y son conscientes de que, para que alguien merezca la pena para algo más, tiene que ser muy especial.

Que esa es otra, a quién abrirle el corazón. También quiero decir que lo positivo de esto —claro, algo positivo debía tener— es que nos hemos dado cuenta de que somos la leche. Y no se nos ha educado para necesitar a esa «media naranja» que venga a completarnos. No solo somos la fruta entera, nos sentimos una macedonia. Lo tenemos todo. Como nos queremos, sabemos lo mucho que valemos, nos ponemos como prioridad y nos cuidamos, no nos cuesta decir «no» a algo que no vemos claro o que no termina de encajar con aquello a lo que aspiramos. Es uno de los mitos del amor romántico que ya hemos deconstruido. Al igual que el de «todo vale por amor». Porque sabemos que ni es así ni el amor dura para siempre. Tenemos más que asumido que el amor no será uno solo hasta el fin de los tiempos. Y eso está bien. No hace falta que seamos el amor de la vida de nadie, nos debería bastar con ser uno de los amores de esa persona.

Y no olvidemos que Peter Pan a lo mejor no consigue un trabajo decente, algo que no sea un contrato de prácticas, hasta mucho después de la universidad. ¿Cómo vas a pensar en empezar una nueva vida conmigo si a duras penas podemos pagar un alquiler a medias? Con todo lo que nos genera inseguridad, no tenemos tiempo, dinero ni estabilidad; necesitamos una vida más sencilla, no complicarla. Es un poco la pescadilla que se muerde la cola, porque nos ponemos más exigentes que el Gobierno cuando queremos pedir una ayuda para el alquiler, pero a la vez tenemos claro que nuestra dedicación será la del menor esfuerzo. El mejor ejemplo de esto es que WhatsApp se ha convertido en un *love language*. ¡Si la mayoría de las conversaciones con alguien tienen lugar a través de una pantalla mientras tecleamos «jajaja» más serios que un ajo! No nos apetece ni movernos para quedar en persona porque así podemos seguir en pijama escribiendo desde la cama con una serie de fondo.

Jolín… Con este panorama ahora mismo te sentirás un

poco agobiado (e identificado, supongo). La gran pregunta es cómo se sale de ahí. La respuesta corta es olvidándonos de los roles y preguntándonos qué es lo que realmente queremos. La mayoría solo queremos querer y que nos quieran, tener nuestra comunidad, protegerla y cuidarla mientras crece. Porque como seres sociales, el amor nos mueve y nos llena. Eso viene acompañado del riesgo de cómo vaya a salir todo y del sacrificio de tiempo, pero si sabemos que somos dos remando a la vez, que siempre tendremos la espalda cubierta, encontraremos ese aprecio por el compromiso. Es decir, entenderemos que una relación es algo que se construye, se cultiva y se cuida a diario.

Y que tiene aspectos tan prácticos como que alguien se acerque al supermercado porque a uno de los dos se le han antojado unas galletas.

4

VALE, PERO
¿QUÉ SOMOS?

Llegar a ese punto no es fácil. Es más, es difícil de narices. Lo más sencillo sería hablar claro y decir: «Oye, ¿qué somos?». Así, sin más, con la misma seguridad y aplomo que cuando el médico te pregunta: «¿Qué métodos anticonceptivos usas?». Porque al igual que me gusta que mi doctora me diga si ese lunar es algo o no es nada, lo mismo me pasa con mis vínculos con las personas.

Vivimos tiempos raros. Podemos estar cenando dos veces a la semana con alguien, conocer a sus amigos, incluso coincidir con sus padres y que de repente nos suelte que no nos equivoquemos, que no somos pareja. Y a la vez que solo haya sexo y que la otra persona quiera oficializar el noviazgo. No nos gustan las etiquetas a no ser que sea para convertirlas en hashtags, pero son tan necesarias... Más que nada porque hablar de sentimientos es casi como sacar el tema de con qué partido político simpatizas: puede ir muy bien o fatal. No hay punto medio si existe un desequilibrio entre lo que se quiere.

Y en estos tiempos raros, las relaciones intermitentes son las peores. Pongamos que llevamos hablando un montón, que hemos quedado y todo va genial. Repetimos. Me dices que te gusto y de repente desapareces de la faz de la tierra. A la semana vuelves con que has estado superliado, que quedemos de nuevo. Te hago hueco, muevo incluso la cita para renovar el DNI que me ha costado tanto conseguir y nos vemos. Después me dejas los mensajes sin contestar durante veinticuatro horas y repites lo de que «Es que en el trabajo me tienen hasta arriba». Lo que me estás haciendo —que espero que no me lo hagas— se llama «amor intermitente». Ahora estás, ahora no. Y lo peor es que eso me genera más adicción que comer palomitas en el cine. No sé por qué, pero antes de que empiece la película ya me las estoy zampando, y tampoco puedo entender por qué vas y vienes de forma aleatoria. Ese refuerzo intermitente nos pasa especial factura a nosotras, que, educadas en la empatía, tendemos a ponernos en la piel de la otra persona y a entender sus circunstancias (aunque no las conozcamos). Pero es un trato injusto que nos mantiene enganchadas a algo que quizá no es como nosotras lo vemos. Es más, si quieres que piense que no soy una prioridad en tu vida, solo tienes que tratarme así.

Lo peor es que cuando nos encontramos en este tipo de situaciones no podemos coger y decir: «¿Qué está pasando?», aunque sería lo normal, por tres razones:

1. Nos dirá que nada.
2. Nos dirá que son imaginaciones nuestras.
3. Pensará que somos demasiado intensas.

«Intensa», según la segunda acepción del diccionario de la RAE, es «muy vehemente y viva», pero hoy «intensa» es «lo último que te quieres encontrar». Y yo me opongo a este pensamiento como a ver vídeos de militares volviendo a casa porque acabo llorando. ¿Por qué, si siento que estás empezando a gustarme, no te lo puedo decir por miedo a que te asustes? ¿Qué eres, un cervatillo atrapado en la autopista? Nos dicen que lo peor que podemos hacer las mujeres es ser demasiado intensas. Intensas por querer hablar de emociones, por no mostrar esa indiferencia impuesta. Encima si dices de mí «Es que era demasiado intensa» como motivo para dejar de verme, ¡te van a dar la razón! Pues no, el cariño, el afecto, querer que la relación avance y la comunicación clara no son el problema. Y solo asustan a quien no está preparado. De la misma manera que se nos critica por tener respuestas emocionales como llorar o enfadarnos. Es muy irónico que se enfaden contigo cuando te molesta que se comporten como unos capullos.

En fin, «intensa» es —junto a ser tildada de loca y dramática— la palabra que más nos preocupa que salga de la boca de quien nos gusta (o de su teclado, me da igual). Pero cuando tenemos historias líquidas, poco sólidas, superficiales, fugaces como una amiga diciendo «He seguido tu consejo» —nunca lo suele seguir—, todo es inmediato y no se basa en explorar ese vínculo, sino en una conexión física que busca una satisfacción instantánea. Además, está la confusión entre el mundo digital y el analógico, entre lo que pasa en persona y que luego no responda a nuestros mensajes… No sabemos a qué atenernos.

Es muy habitual encontrar a personas que dicen que solo quieren vivir el momento. Son los mismos que llevan un tatuaje de CARPE DIEM, pero luego se pasan todo el concierto de Imagine Dragons subiendo stories para que sus amigos vean lo que se están perdiendo. Son los mismos que dicen que prefieren fluir. Y mi procedimiento es hacerlo, pero en dirección contraria. Porque cuando se usa la excusa de que era algo esporádico para no tomar una responsabilidad afectiva, para mí has entrado en la lista negra.

No te digo que empecemos una relación a los cinco minutos de darnos dos besos. Pero que estemos en el momento que estemos, hagamos lo que hagamos, haya empatía. Es algo que nadie nos enseña, pero la responsabilidad afectiva es lo mínimo que podemos mostrar hacia los demás. Da igual si no tiene etiquetas, no solo los vínculos que combinan sexo y afecto son importantes. Hay que comprometerse y tomarse en serio lo que se pueda sentir. Haya sido algo de una noche o de diez minutos, debemos respetarnos siempre. Porque parece que si es algo meramente sexual no hace falta preocuparse por los sentimientos. Pero no solo quiero un orgasmo, también responsabilidad afectiva (y tendrás lo mismo por mi parte, ¿eh?).

Y ahora vamos a por la *masterclass* de responsabilidad afectiva o por qué importan las emociones de los demás. Y no es que dé por hecho que no la traes trabajada; a lo mejor sí. Pero por la forma de socializarnos a nosotras se nos hace prestar más atención al lado emocional y los cuidados, de ahí que quiera hacer hincapié en esto. Si lo tienes trabajado, pasa de esto. Los vínculos deben construirse de forma ética, cuidando a todas las partes. Hay que ser transparente (sobre todo si no queremos algo monógamo) y tener en cuenta las emociones y necesidades de la otra persona. Desarrollar la empatía, el respeto hacia las opiniones y requerimientos, la comunicación y la escucha activa, llegar a un consenso para que ambas partes queden satisfechas, poner límites, valorar las consecuencias de los propios actos, pensar antes de actuar y cuidar son componentes de la responsabilidad afectiva que tienes que aprenderte como la tabla periódica en la ESO.

Si hablas con tus amigos, verás que no suelen tener en cuenta estas cosas. Es más, como le digas a tu *bro* que no está bien que pase de una tía después de acostarse con ella y que debería decirle que se lo ha pasado muy bien, que espera que ella también, pero que no busca nada serio, seguramente te dirá que de qué vas, que los libros de feminismo te están lavando el coco y que eres un *mangina*.

Y joder, ojalá lo seas.

5
QUEREMOS
UN *MANGINA*

Estamos en el mundo de los machos machotes, el Macho World, como Disney World pero con olor a Varon Dandy y gente disfrazada de Bertín Osborne diciendo «¿Con lo bien "costeá" que estás tú, y sin novio?» o «Atravesé todos los pasillos de Telecinco sentado en la silla, apretado bien ahí, porque ahí, como te levantes, en cualquier momento te ponen mirando a Torrejón». En Macho World están esos que se sientan en el metro ocupando dos asientos y solo dejan asomar una lagrimita si ven que su equipo gana el mundial de fútbol. Y por supuesto, salirse de la masculinidad no está bien visto cuando vives en este mundo. No hay mejor ejemplo (que seguro que recuerdas) que el del niño del colegio al que no le gustaba jugar al fútbol y prefería quedarse hablando en los bancos con las niñas, al que el resto de los chicos acosaban y pegaban. Y si no te acuerdas, es que ese niño eras tú.

Ser un hombre diferente y no entrar en las actitudes que muestran masculinidad —como vociferar, hacer gala de conquistas sexuales, tener interés por los deportes, mostrar respuestas violentas, etc.— es lo que se ha llamado *mangina*. El *mangina* viene de la unión de la palabra inglesa *man* y el término «vagina». Para un hombre hetero, es el peor insulto que puede recibir. Casi equivale a nuestro «intensa». Un *mangina* es menos hombre porque tiene actitudes que se consideran femeninas. Por lo tanto, es inferior al resto de los de su especie.

Pero ¿te sientes cómodo cuando vas con tus amigos por la calle y se ponen en manada a gritar piropos a una desconocida, o cuando comparten por WhatsApp los *nudes* de las chicas con las que se acuestan, para presumir de que han tenido sexo con una «tía buena»? ¿Por qué tratar con respeto, empatía, sensibilidad y cuidando los sentimientos es de mujeres y no de humanos, como debería ser? Mi propuesta es que, si te llaman *mangina*, te des por piropeado. Indican que eres diferente, y créeme, es como queremos que seáis. Buscamos compañeros con los que hablar, que nos escuchen, que se abran emocionalmente, que se permitan sentir. No a Bertines.

Es que no entiendo por qué «planchabragas» es un insulto, pero está genial que seamos «doblacalzoncillos». ¡Hasta está mal visto que te impliques en las tareas del hogar! Pues mira, noticias frescas, es tarea de ambos. Y habrá días que te toque recoger el tendedero y otros lo haré yo. Pero tranquilo, no tienes que planchar las bragas. Con doblarlas y meterlas en el cajón es más que suficiente. Mi vulva no es tan sibarita como para no tolerar arrugas en el algodón.

Me llama la atención que se use el término *mangina* como algo peyorativo cuando la vagina es donde estos caballeros querrían pasar la mayor parte del tiempo. Pero, claro, en el Macho World, el pene es el tótem, por lo que carecer de él es tremendo, se considera poco viril. Déjame que te diga que el pene no es para tanto. Me da igual que lo dibujen en mesas, puertas de baño o grafitis callejeros, o que tengan su forma todos los artículos que venden para despedidas de soltera (entraré en este tema hacia el final del libro). La vagina es superguay. Adjunto pruebas: todos hemos llegado al mundo saliendo de ella. Y no, no me digas que saliste del pito de tu padre porque ahí no eras más que una célula de información genética. De la vagina saliste formadito: con las orejas de tu abuelo y los pies de tu tía. Fin del debate.

Quizá hace miles de años el que un tío fuera el más grande, el más fuerte y el que más asustara al alzar la voz era importante si las tribus de vikingos nos invadían un día sí y otro también. Pero ya no estamos ahí. Solo quiero que grites mucho si vamos de concierto, y prefiero tener a mi lado a una persona sensible que me reconoce a todos los niveles que a quien solo ve a las mujeres como asistentas y trozos de carne andantes, y que aprovecha las discotecas para meterles mano. Ahora ya no se valora la fuerza o la destreza en peleas físicas. Valoro que, si me pongo nerviosa porque se me ha colgado el ordenador en el paso final de comprar los billetes de avión, estés ahí para tranquilizarme y darme un abrazo cuando confirme que tengo que volver a empezar porque no se han guardado los cambios. No queremos seguratas, queremos compañeros.

«Claro, eso decís todas, pero luego os quedáis con el chico malo». Bueno, quizá nos quedábamos con el chico malo a los quince años porque nos coincidió con el estreno de *Tres metros sobre el cielo* (que ahora se ha actualizado en *365 días* o *La última*) y lo más guay era tener un novio con moto que hubiera repetido curso y pegara puñetazos a diestro y siniestro. Pero te aseguro que es raro que una mujer adulta busque perfiles problemáticos para una relación de pareja. Me conquista cuando descubro que alguien es un cacho de pan, pero buena gente de verdad, como cuando cambia de carril porque ve a una chica vomitando en la calle, para y le da pañuelos para que se limpie, o regala lo que tiene a la venta en Wallapop porque ve que quien ha ido a comprarlo tiene pinta de necesitarlo. Esos actos me enamoran, me fijo en ellos para tener algo sano, no en que me traiga un ramo de flores (recuerda, prefiero los aguacates) después de que por la noche le persiga la policía.

Además, el chico malo actual es malo a medias. Hoy me hace caso, mañana me ignora, me manda un fueguito por mensaje privado, desaparece durante semanas, regresa —y que no me atreva a pedirle explicaciones— y me dice de quedar… Es el que cuando le peguntas por qué se acuesta con más gente te dice que nunca habéis sido nada. Que te ha dicho que eras especial y única, pero que no significa que seáis pareja, que si era lo que tú creías es cosa tuya. El chico malo tiene cero unidades de responsabilidad afectiva. Lo compensa con que suele ser muy guapo, pero ya no estoy para que me traten así. Cuando nos damos cuenta de que ese tipo de vínculos no los queremos en nuestra vida —te puede pasar a los quince, a los veinticinco o a los treinta y cinco, pero pasa—, vemos al chico bueno con otros ojos.

El problema es que hasta ahora hemos vivido muy engañadas. Las películas nos han contado la historia de la chica que se enamoraba del rebelde y conseguía cambiarle gracias a su amor hasta convertirlo en un novio modelo, en *husband material*, en el chico perfecto. Por eso estábamos obsesionadas con la idea de ir detrás de los que pasaban de nuestra cara, porque nos habían dicho que algún día se darían la vuelta y verían lo que teníamos que ofrecerles, lo que les haría ser mejores personas. Bueno, no pasa. Nunca. Lo que nos sucede es que vamos detrás de una persona incapaz de comprometerse que, además, nos hará sufrir. Pero sufrir de verdad, de estar en la habitación llorando con la persiana bajada y las canciones tristes de Olivia Rodrigo.

A la vez, el hombre bueno —suele ser el mejor amigo de la protagonista, cuyo amor no es correspondido— era pintado como un soso. Junta en una coctelera un *tour* ciclista, cambiar la funda del edredón y ver una presentación de PowerPoint. ¿Lo tienes? Bien, pues el chico bueno parecía aún más aburrido. Es que casi te parecía lógico y normal que ella perdiera las bragas por el otro, ¡necesitaba vidilla! Mi teoría conspiranoica es que los capullos se organizaron para filmar este tipo de películas y que nosotras termináramos cayendo ante el mismo perfil de tío.

Todo ese tiempo dedicado a pasarlo mal por el que nos hace *ghosting*, toda esa energía preguntándonos cómo gustarle otra vez porque su interés es más intermitente que las luces del semáforo, teníamos que haberlo dedicado a deconstruir al hombre bueno. La deconstrucción empieza por desromantizar los gestos mínimos que recibimos y empezar a valorar un buen trato por encima de la emoción adrenalínica de «hoy te contesto, hoy no».

Hagamos un trato: me pongo las pilas para analizar con pensamiento crítico lo nocivo que es un chico malo y tú sigues siendo un buen tío. Olvídate de lo de doblar bragas, eso es secundario. Lo que busco en un buen tío es que me trate bien, que sea cariñoso, que respete mi espacio, que dé prioridad a nuestra relación, que me preste atención y se interese por mis gustos, entorno y proyectos, que me apoye y me haga sentir aún más grande, que siempre esté en mi equipo. Que me dé seguridad porque es estable, como nuestra relación. Estabilidad, qué bonito nombre tienes y qué poco se te valora. Si me da ansiedad cada vez que me llaman por teléfono, ¿cómo no voy a querer al lado a alguien que me tranquilice y me dé seguridad?

Y añado que no le asuste enfrentarse a sus emociones y que sea capaz de expresarlas.

6
¿SABES QUE PUEDES SENTIR TUS EMOCIONES?

Ay, hablar de sentimientos… Es tan complicado que desde pequeñas hemos recibido formación intensiva, clases particulares, un máster y un curso de CCC, pero en tu caso y en el de tus compañeros se podría calificar con un «Necesita mejorar».

No tengo pruebas pero tampoco dudas de que este fenómeno empieza en el colegio. Piensa en la hora del recreo de cualquier centro escolar. Mientras vosotros ocupáis el 90 por ciento del patio —que corresponde al campo de fútbol—, nosotras formamos pequeños grupitos a vuestro alrededor. Estoy convencida de que ahí empieza todo, en esas interminables horas hablando de la vida, del chico que nos gusta, de los deberes de conocimiento del medio o de que nuestra madre no nos ha dejado comprar el lápiz de ojos que queríamos.

Mientras los chicos os dejáis las rodillas persiguiendo un balón, nosotras nos dejamos los sentimientos desde niñas sin ser muy conscientes de que estamos trabajando en compartir cómo nos sentimos y en escuchar cómo se siente la de delante al tiempo que nos ponemos en su lugar, aunque el drama de esas edades sea que te han puesto una falta y no sabes cómo decírselo a tus padres.

Entonces llegamos a la veintena y la treintena, empezamos con las relaciones serias de pareja y a todas nos da la sensación de que tenemos delante a una persona con el mismo desarrollo emocional que el porespán. «Pero ¿puedes intentar ponerte en mi lugar?» es una frase que creo que todas las mujeres hemos usado con nuestro novio, junto a «¿Puedes tirar la basura?». Dos enunciados que aunque no tendríamos que decir porque implican acciones que deberían salir de la otra persona, no hay forma humana de callárnoslos.

Si algo me ha tocado entender es que José Luis no se pone en mi lugar no porque no quiera, sino porque no sabe calzarse los zapatos de otra persona. Y eso no significa que cuando eres adulto no te pongas las pilas. Igual que te tocó aprender a cambiar el refrigerante del coche cuando te estabas sacando el carnet de conducir —aunque ahora no tengas ni idea de cómo se hacía—, puedes con esto. Empieza por algo sencillo: escúchate. Cómo te sientes. Qué quieres. Qué esperas de mí. Da igual, lo que sea. Puede ser apoyo, desahogarte o contarme el trauma de aquella vez que fingiste tener fiebre para perderte un examen y te cazó tu madre calentando el termómetro pegándolo a la bombilla.

Porque si no me dices que estás hasta las narices de que siempre te busque de la misma manera, ¿cómo voy a saber que es el momento de cambiar las rutinas de nuestra vida sexual? También quiero que me digas si algo de lo que hago te parece mal, porque puedes tener claro que, en el caso contrario, lo voy a hacer. No voy a guardarme ni media. Transmitirme las emociones o los pensamientos que te pasan por la cabeza es una responsabilidad que tienes para con los dos. De respetar cómo te sientes y de comunicármelo para que pueda entenderte y buscar soluciones. Porque ya te adelanto que, por activado que tengas el Bluetooth del móvil y comunicado que te sientas con el mundo, de mí estás desconectado. Por ondas no me voy a enterar. No es como un resfriado, que si tú lo tienes, yo voy detrás.

¿Sabes lo a gusto que te sentirás en un sitio seguro —ojalá sea nuestro sofá— donde puedas abrirte sin que te juzgue y puedas romperte, incluso llorar? Olvida todo lo que te han enseñado de que, como hombre, no te puede caer ni una lágrima quitando por triunfos deportivos y otras excepciones aceptadas por tus colegas. Veremos películas emotivas y llorarás por narices, literal. Ese férreo control que sepulta tus sentimientos no tienes que mantenerlo conmigo. Eres igual de tío duro y machote, por eso no te preocupes. No se te marchitará el pene ni se te caerán los testículos rodando hasta la esquina del salón. Te juro que no es ese el ruido que siempre oímos de madrugada en el techo. Al vecino de arriba no se le han desprendido los huevos por ver *El gran showman*.

Tampoco arriesgas tu integridad si me cuidas. Y no hablo del cuidado que sale en frases de Canva del tipo «Cuidar es amar dos veces», te hablo de cuidar cuidar. Desde cuando esté enferma al grado de «no puedo mover ni un dedo» hasta cuando tenga un ataque de mocos y necesite que vayas por mí a la farmacia, porque viva sepultada bajo una bola de pañuelos de papel usados. Es el momento de que des un paso al frente y demuestres que no solo las mujeres estamos a cargo de los cuidados. Que compruebes que tú también sabes atender a los demás, como hacía tu madre contigo de pequeño y porque, entre nosotros, no te cuesta acercarme la pastilla ni encargarte de las lavadoras si ves que soy incapaz de levantarme. Creo que si tu instinto de supervivencia te ayudaría si hubiese un apocalipsis zombi, también te serviría en esta situación. Confío (y confía) en ti.

Sé que te costará. Que lo que has aprendido desde pequeño es que, si no puedes controlar lo que sientes, la solución es salir por peteneras con una respuesta violenta. Ese puñetazo en la mesa que tanto sobra, vaya. Que lo entiendo. Si es que llevas desde pequeño jugando con los Action Man y viendo a tíos supermusculosos en las series que lo arreglaban todo a puñetazos. Pero como esto es la vida real, hay que desprenderse de esos estereotipos de hombres de acero. ¡Lo fácil que habría sido si hubieran sacado un muñeco de acción yendo a terapia porque no puede dormir por las noches de la ansiedad que le produce pasarse los días pegándose con la gente en vez de hablando de lo que le sucede!

Además, esos estereotipos no pueden ser más dañinos. Y te miras al espejo con tu pecho más liso que una tabla y tus brazos normales y te rayas. Incluso te sientes poco varonil, sin entender que la virilidad es una construcción social. Hemos pasado de que en la antigua Grecia ser viril fuera ser un pedófilo que se acostaba con sus aprendices al caballo, armadura y lanza de la Edad Media, los duelos a pistola del siglo XIX y la fuerza bruta en forma de cuerpo hipertrofiado actual. Pero ¿y si te digo que no necesitas nada de eso porque eres suficiente con el cuerpo que te ha tocado? En todo caso, te adelanto que el músculo que quiero que trabajes es el de la lengua, ¡para hablar mucho! Uf, ya estabas imaginando otras cosas, ¿eh? Qué mal pensado…(Sí… Para hablar, *guiño, guiño*).

7

Y EMOCIONES
NEGATIVAS TAMBIÉN

Por mucho que te anime a hablar de las emociones, no puedo pretender que, de la noche a la mañana, te abras en canal con la facilidad con la que abres una carpeta en Google Drive. Ni lo espero. Voy a darte tus tiempos, aunque eso signifique que de vez en cuando me tengas que recordar que estás en un proceso y necesitas que sea paciente. ¿Sabes qué es lo bueno? Que estoy acostumbrada a lidiar con la frustración. Me lleva acompañando toda la vida. La frustración empezó cuando les pedí a mis tíos la nave de Han Solo, el Halcón Milenario, de la marca Lego, por Navidad, y nunca me la regalaron. Creían que no era un regalo para una niña pequeña. Siguió acompañándome cuando, en el colegio, nos levantaban la falda a mí y a mis compañeras y los profesores nos decían que era un juego y que nos pusiéramos unos pantalones cortos debajo. Me ha frustrado tantas veces que me bajara la regla en el momento más inesperado que es casi una vieja amiga (a la que quiero mandar a tomar por culo, dicho sea de paso), pero llevamos tantos años de amistad y hemos creado tantos recuerdos juntas que es complicado.

Pero tu relación con la amiga Frustración es algo distinta a la mía (y aquí podemos darnos un buen apretón de manos con la conciencia tranquila de que la culpa no es tuya, sino, una vez más, del patriarcado). Se dice —puede que lo haya dicho también yo alguna vez— que las dos cosas más frágiles del mundo son la cáscara de un huevo y el ego masculino. Porque a la mínima este se resquebraja en mil pedazos y se libera el demonio interior que lleváis dentro. Pero lo cierto es que no, no creo que tu ego sea más frágil que el mío porque sí. Creo que tu tolerancia a la frustración es menor porque es una emoción a la que apenas has tenido que enfrentarte, y cuando lo has hecho te han enseñado que tenías que dejarla salir corriendo en forma de golpe sobre la mesa o patada voladora, como si fueras un maestro de kungfú. Puede que tu signo del zodiaco sea piscis, pero tienes el ascendente en arrebato. Si nunca has visto a tu padre perder los nervios tirando un [reproductor VHS/mando de la tele/*introduce gadget aquí*] al suelo o darle golpes porque no funcionaba, ¿has tenido infancia?

Para resolver este episodio de Scooby-Doo y el fantasma del ego dolido, tenemos que entender el porqué. Está tu familia —tu abuelo, tu padre, tus tíos—, tus amigos, las películas… Eres el protagonista, el rey del mambo y Tommy Shelby en *Peaky Blinders* —aunque lo más cerca que hayas estado de ser un gánster sea cuando te disfrazaste para la fiesta estilo años veinte de tu empresa—. Te ves representado en el papel principal en todas partes. Por eso, cuando algo se te escapa, te rebelas. Y esa pasión está genial, pero hay que saber focalizarla.

Bueno, también te digo que algo de culpa tenemos nosotras cuando nos convertimos en novias o parejas sexuales. Somos las primeras que fingimos un orgasmo —en vez de decir qué nos gustaría— para proteger nuestro ego, y así sentimos que hemos «cumplido» y no dañamos tu masculinidad. Sí, admito que no somos seres de luz, que también hacemos las cosas mal. No será la última vez. Y esto no me lo he sacado de la manga. El estudio publicado en *Social Psychological and Personality Science* de 2022 lo comprobó. Nos damos la vuelta en la cama pensando que ha sido buena idea haber fingido que nos corríamos porque ya nos podemos ir a dormir, y no nos damos cuenta del impacto que eso tiene en vuestra masculinidad. Así pasa que la primera vez que estás con una mujer y te dice que no basta con penetrar flipas en colores y te sientes engañado por todas tus ex. Pero pensar que nuestra pareja puede tomarse las cosas mal no debería ser la razón de no comunicárselo, sino más bien de buscar una forma asertiva de que la conversación no le resulte dolorosa. A lo mejor estamos asumiendo falsedades y tenemos que hacer un poco de autocrítica. Estoy en ello, ¿vale?

Creo que pecamos de infantilizaros con comentarios como que los hombres solo pueden hacer una sola cosa a la vez o que vuestra emoción favorita es encender la PS5 y asumir que estamos en la misma posición. No podemos pensar que sois menos capaces a nivel emocional solo porque habéis recibido menos educación o estáis menos acostumbrados, pues tenéis la capacidad de hacerlo. ¿Y por qué lo sé? Porque todos somos humanos, y aprender, socializar y evolucionar *is our passion*. Claro que si nosotras asumimos esto y empezamos a cambiar el chip, vosotros tenéis que dejar de echarnos la culpa de tomar nuestras decisiones si no os gustan. Porque reforzando tu autoestima desde el yo —valorándote porque conoces tus virtudes, que eres muy bueno montando ordenadores, que cuidas de tu perro, que preguntas a tus amigos si están bien...—, no te afectará tanto la masculinidad que se espera de ti ni que algo se aleje de tus expectativas.

Te comento esto a raíz de otro estudio —sí, este capítulo va de estudios, ¿no seré una revista científica?— que analizó cómo afectaba el rechazo a los hombres heterosexuales. Descubrió que el éxito o el rechazo en el ámbito sentimental afectaba a sus opiniones y a cómo actuaban respecto a la sociedad. Ahí surge el fenómeno InCel, varones involuntariamente célibes que culpan de su situación a las mujeres, pues consideran que los rechazan de manera injusta.

Aquellos que en el experimento recibieron menos afecto o atención por parte de las mujeres apoyaban en menor medida el salario mínimo o el acceso a un sistema de salud que aquellos que habían tenido un *feedback* femenino positivo. Y esto, en las mujeres, no influía. Sus opiniones sobre la sociedad no se veían modificadas por las evaluaciones masculinas. La conclusión es que si algo tan común como el rechazo provoca que cambies tu actitud respecto a ciertos aspectos, estás dejando que las emociones negativas controlen algo que consideras correcto y actúes/pienses por venganza desde tu autoestima dañada (espero que seas de los que quieren que la gente acceda a un sistema de salud público pese a haber recibido calabazas alguna vez en tu vida).

Entonces, si los *beliebers* son los acérrimos seguidores de Justin Bieber, los *incels* son los fans más radicales del machismo —sí, tranquilo, puedo hacer esta comparación sin meterme en líos porque Justin no leerá mi libro—. Si volvemos al estudio, este logró explicar que los *incels* podían llegar a generar violencia real al sentir esas emociones. Tenían en co-

mún un fuerte sentimiento de rabia y rechazo hacia las mujeres, que es algo que prueban la mayoría de sus amenazas: cien
por cien misóginas, cero por ciento aceite de palma (aunque
tampoco se quedan cortos en insultos homófobos o racistas).
Para los *incels*, las mujeres somos unos seres malignos, pro-
miscuos y superficiales que usamos el físico para llegar a ciertos hombres —que no son ellos, por no considerarlos bastante
atractivos—. En resumen: son los clásicos amargados que antes de hacer un poco de autocrítica y darse cuenta de que van
por el mundo abordando a mujeres con mensajes de «¿Me
enseñas las tetas?» prefieren mirar hacia otro lado.

Lidiar con el rechazo no es fácil. Pero si eres mujer sabes
que manifestarlo no saldrá bien un 70 por ciento de las veces.
El «Tampoco eres tan guapa» o «En realidad no te tocaría ni
con un palo» son algunos de los clásicos y más predecibles
ataques sobre el físico que nos toca escuchar cuando damos
una respuesta negativa. Y, eh, sé que no soy Miss España,
pero tú tampoco eres Harry Styles y no me he metido contigo.
Los complejos por la baja autoestima y la carencia de herramientas para relacionarse son otros de los frentes comunes de
los hombres que reaccionan con violencia.

Pero para ir terminando me queda decir que el rechazo es
universal, no algo personal contra ti. Si en algún momento te
da bajón por una negativa, recuerda que hasta Justin Bieber fue
rechazado por Rihanna (última referencia a Justin, lo prometo). Empieza por quererte y valorarte, porque la relación de
amor que debes tener antes que con nadie es contigo mismo.
Céntrate en tus virtudes, en tus cualidades, y tenlas presente
para saber lo mucho que vales —más que los pistachos, ya te lo
digo yo—. Desahógate y canaliza esa energía negativa en lo que

te haga sentir bien: sal, corre, achucha a tus padres. Piensa en positivo. No te digo que te espere Hailey Baldwin como a Justin (es la última, de verdad), pero te aseguro que encontrarás a una persona con la que ser muy feliz cuando menos te lo esperes.

Segunda Parte

LA INDEPENDENCIA

Me habría encantado conocer a Freud para decirle que las mujeres no tenemos envidia del pene, sino del lugar que ocupan y cómo tratan a los que lo traen de serie. Antes de que me digas que ya lo hemos conseguido todo y que qué más queremos, te lo resumiré en dos palabras: brecha salarial. De media, los hombres españoles cobran 5.252 euros anuales más que las mujeres. «Pero en mi empresa no pasa... ¿Cómo puede ser?», te preguntarás. No es solo que entre un abogado y una abogada reduzcan las cifras en función de si el cargo lleva una «o» o una «a». Más bien es porque la mayoría de los empleos peor remunerados son realizados, en gran parte, por mujeres. Y tú que creías que el 8M seguíamos saliendo solo por la batucada. Si cobramos menos y encima tenemos cada mes el «gasto menstrual», nuestra capacidad de ahorro es menor (y súmale otros factores que te explicaré más adelante).

Quizá por eso no verás a muchas mujeres que vivan solas —no nos lo podemos permitir— ni en el reservado de una discoteca (a no ser que hayan sido invitadas por un hombre o estén trabajando como imagen). ABBA lo decía en 1976, *It's a rich man's world*. Y *white*, me atrevería a añadir. Volviendo a la brecha salarial, solo el 34 por ciento de las empresas son propiedad de mujeres, pero como población mundial somos la mitad (el 49,5 por ciento de humanas la última vez que consulté la cifra). Y eso hablando de las que tenemos un trabajo, aunque sea precario, que el desempleo también se ceba con nosotras. ¿Repasamos las cifras del paro? En menores de veinticinco años, los hombres son un 28,5 por ciento; las mujeres, un 29,3. En mayores, el 10,4 por ciento son hombres y el 14,2, mujeres. Vamos, que nos dan por todos los lados. Aunque claro, que la maternidad juegue más en nuestra contra que a nuestro favor sigue en la lista de tareas pendientes que debemos cambiar. ¿Que no afecta? A los datos me remito: el cien por cien de los hombres que han tenido un hijo consiguen regresar al trabajo con su anterior horario y jornada a tiempo completo. Pero ¿y nosotras? Apenas el 55 por ciento. Y las que lo hacen suelen apostar por una jornada reducida o dejan el trabajo por la imposibilidad de conciliación.

En este sentido, fastidia llegar al mundo con una máquina diseñada para cocinar nuevos seres y que no se nos trate como a una deidad andante. Lo máximo es cedernos el asiento en el autobús, si tenemos suerte y sacamos barriga. Y ser madre mola mucho, pero no lo que implica hacerlo ni cómo nos aleja de todo. Quizá piensas que de pequeñas decimos que queremos ser mamás porque nada más empezar a jugar nos encasquetan un bebé de plástico en el regazo (que encima se mea, para que vayamos cogiendo práctica), pero también es porque nos faltan referencias de mujeres en el poder. En el mundo hay cincuenta y un millones de mujeres y niñas cuyos países no tienen una sola fémina ministra, y más de seiscientos millones de sesenta y cuatro países nunca han tenido una jefa de Estado o de Gobierno (España incluida). Y encima el 47 por ciento de la población mundial cree que los hombres son mejores líderes políticos que las mujeres. Bueno, dejadnos probar y luego opinamos, ¿no? Que parece el refrán de «Más vale malo conocido que bueno por conocer». En el momento en que escribo este libro solo hay diecisiete mujeres dirigiendo gobiernos. Menos que en mi club de lectura.

Por eso somos la población más expuesta cuando se produce un conflicto. Es más, el 80 por ciento de las personas desplazadas por la crisis climática son niñas y mujeres. Y para añadir más calamidad al asunto (si no era ya bastante dramático), en cuanto cambian de país corren el riesgo de ser captadas por cualquier mafia o red de prostitución.

Ojo, no digo que sea culpa de la maternidad, ni mucho menos. Se me ha ido el argumento por otros derroteros. Es la evidencia de que existe el famoso techo de cristal del que todo el mundo niega su existencia, pero como hemos visto con datos estamos debajo de él todo el tiempo. Podemos resumir que el techo de cristal implica cobrar menos, tener menos posibilidades de ascender, pero también de entrar en el mercado laboral si eres mujer. Otro dato —sí, puedes usar estos números la próxima vez que tu colega diga que las mujeres lo hemos conseguido todo y más—: solo el 28 por ciento del personal de investigación en STEM (empresas de ciencia, tecnología, ingeniería y matemáticas, por sus siglas en inglés) son mujeres. Formamos parte del mundo, pero es como si no pudiéramos pertenecer al grupo que le da forma, como si estuviéramos de paso o fuéramos un elemento decorativo.

Y me pregunto: ¿cómo vamos a sentirnos cómodas moviéndonos o avanzando si al coger un coche nos da la sensación de que sobramos? Es como que estamos de más en los espacios mixtos que deberían ser compartidos. Raro es que aprendas a conducir sin haber oído la clásica bromita de «Mujer al volante, peligro constante» o a tu tío diciendo «Mujer tenías que ser» cuando algo en la carretera le irrita lo más mínimo. Curiosamente, nunca apela al género si un hombre ha cometido la burrada de adelantar por la derecha como si estuviera conduciendo en Le Mans. De ahí que muchas veces sintamos que tenemos que ir de puntillas, como que molestamos si decimos «Eh, quiero este trabajo, eh, ciérrate de piernas, que no necesitas dos asientos en el metro, eh, merezco ese ascenso, eh, eh, eh». Y no ya por ser jóvenes o guapas, que parecen ser las dos únicas razones válidas para conseguir algo, sino porque valemos lo mismo que vosotros.

1

MI OTRO NOVIO
ES EL TRABAJO

No soy Kim Kardashian con su imperio millonario ni Chiara Ferragni, el nuevo icono laboral para las *millennials*, pero mi trabajo es importante.

Mi trabajo es importante, en primer lugar, para mí. No era consciente de lo arriba que estaba en mi lista de prioridades hasta que cumplí los veinte. Encontré mi primer trabajo —de cortadora de mozzarella en una feria de IFEMA— y mi primera piedra en el camino. Mi novio de aquella época no veía bien que dedicara parte de mi tiempo libre a ganarme unos euros. En su opinión, todo lo que no fuera estar en la universidad debería ser pasar el día juntos, como dos guisantes en una vaina: pegados. Creo que fue la vez que vi más clara la ruptura. Después de decirle que a esa edad no pensaba hacer ese sacrificio por él, terminó la relación (y rompió un espejo retrovisor de camino al metro).

Y no, no fue la única vez que sentí que mi desarrollo profesional tenía poca importancia para mi pareja. Como escribir es mi pasión, me entusiasma todo lo que implique unir letras y que alguien las lea. Sí, incluso cuando solo es mi madre la que sigue fielmente todos mis artículos (hola, mamá, sabía que también ibas a leer esto). Esta división entre sentirme una máquina de escribir y dármelas de artista literaria me lleva a que el reconocimiento de lo que hago forme parte de los requisitos que pido en mi compañero. Si mi historia con aquel ex no siguió adelante, con el que vino después tampoco me fue mucho mejor. Mi trabajo no existía. En cambio el suyo era el 80 por ciento de la conversación. «Pues hoy en el trabajo una clienta me ha dicho que (*introducir enésima anécdota aquí*)» era una frase de su exclusiva propiedad. El mío brillaba por su ausencia. Por lo visto, debía estar recibiendo una nómina por respirar, ya que era como si no hiciera nada con mi tiempo en la redacción.

Eso sí, cuando él quiso arrancar algo propio te dejo adivinar quién estuvo en primera línea de batalla. Pues sí, la «novia-becaria». Esa que después de echar ocho horas en la oficina sacaba dos o tres para lo que él necesitara. Y gratis, por supuesto, no fuera a ser que se le ocurriera llevarme un día a cenar o tener un detalle como agradecimiento. Cuando empecé a oler la naftalina de la situación —y que estaba experimentando precariedad laboral trabajando para mi pareja—, cogí la puerta (imaginaria, como la del trabajo por el que recibía cero euros de salario) y la cerré al salir. No iba a seguir dedicando mi tiempo a su proyecto. Y además de tener una profesión de la que mi pareja nunca hablaba, llegó mi momento de experimentación, de querer formarme en algo distinto, de plantearme un cambio laboral.

Recuerdo empezar a empaparme de libros de economía y tener siempre una torre de ellos en el salón que iba cambiando cada mes gracias a las excursiones a la biblioteca. Su primera respuesta cuando discutimos sobre planificación económica fue que por haberme leído «dos libros» no sabía del tema. Y así de ancho se quedó, con esa seguridad masculina de no necesitar informarse sobre algo para considerarse un experto en la materia. Ojalá tener esa autoestima, te lo digo de verdad. En su cabeza, él sabía más que yo, que llevaba meses dando vueltas a esos temas, cuando él lo más cerca que había estado de aquellos libros era para moverlos de sitio a la hora de poner la mesa.

No sé si fue casualidad o destino compartido, pero hubo un momento en que dos de mis mejores amigas estaban pasando por algo parecido. Las tres independizadas y con un sueldo más alto que el de nuestros novios. Queríamos crecer, teníamos ganas de más y compartíamos la cama —y la vida— con tíos acomodados en sus profesiones que no se planteaban nada más. Oye, que me parece perfecto, no digo que tengas que buscar un cambio si eres feliz donde estás, pero no contábamos con especial apoyo por su parte ni conseguían convertirse en imágenes a las que admirar desde nuestros momentos vitales. Y además de no recibir ánimos, ¡ni siquiera creían en nuestros proyectos! Por supuesto, el tiempo ha puesto a cada uno en su lugar. Y mientras ellos siguen siendo seres andantes con agujeros en los bolsillos, nosotras nos dejamos la piel en nuestras carreras para practicar nuestra posición favorita en la vida. ¿El perrito? No, CEO.

Creo en la admiración en la pareja, y si con quien estamos no nos inspira ni nos hace soñar con que podemos llegar más arriba o conseguir lo que nos propongamos, nos perdemos algo que nos motiva a dar lo mejor de nosotras. Sabemos que en las bodas dicen lo de «en lo bueno y en lo malo, en la salud y en la enfermedad» y automáticamente se piensa en los momentos difíciles. Pero, joder, es que los buenos o fáciles tampoco son tan sencillos de celebrar en pareja. A la hora de dar bombo a los triunfos, también he vivido diferencias… La que considero que fue una de mis metas profesionales —publicar un libro— no contó con la presencia de mi novio de turno porque ni siquiera se planteó que pudiera hacerme sentir apoyada que él estuviera ahí. Y no es que yo sea J. K. Rowling y vaya a sacar un best seller cada poco tiempo, ¡es que había publicado un libro por primera vez! ¡El sueño de mi vida desde que en clase, en el colegio, leía las redacciones sobre el Prestige!

Con esto no digo que mi pareja tenga que ser mi coach motivacional ni mi mayor animador, con la «M» en la camiseta y los pompones en la mochila para deletrear mi nombre cada vez que cierre el ordenador al acabar la jornada. De eso ya me encargo yo. Pero sí que viva como suyos mis logros, porque al final es lo que va a recibir por mi parte, ya quiera dedicarse a la abogacía, al heavy metal o a pasear perros.

2
Y MI AMANTE
ES EL DINERO

Hablar de trabajo nos lleva, como no podía ser de otra manera, al tema económico. No me he sentido más poderosa en la vida que pagando una noche de hotel para dormir juntos. Es como cuando de pequeña le pedía al quiosquero dos paquetes de tazos porque mi abuelo me había dado un billete de cinco euros. Aunque es fácil saber por qué mi relación con el dinero es tan rara (y satisfactoria) cuando soy yo la que saca la tarjeta.

Si tienes mejores amigas, es probable que te suene lo que voy a comentar (y espero que las tengas). Te pongo en contexto: tengo dieciséis años y empiezo a salir de fiesta, bailo con mis amigas, me río, una no sabe qué hacer con el abrigo y va moviendo al grupo al sitio estratégico donde lo ha dejado… Lo normal. Hasta que se me acerca un chico y no para de darme conversación. Es el clásico brasas de la discoteca, también conocido como *homo diversion interruptus*. Lo normal también, por desgracia. Sabes a quién me refiero, es imposible no reconocerle. Lleva la camiseta sudada, alguna mancha de haberse tirado parte de la copa encima, va más pedo que Alfredo y en cuanto me ve no se me despega, insistiéndome no una, sino diecisiete veces, en que paga la siguiente. «Que qué bebes», me grita al oído salpicándome de saliva.

Porque si no, no oigo nada. Y yo, que en ese momento pediría un vaso de polvos Flu para huir de allí y seguir a mi rollo, sé que mis respuestas pueden ser dos:

1. Decirle qué bebida quiero y saber que no me lo voy a quitar de encima en toda la noche, a no ser que una amiga me rescate.
2. Contestarle que la copa me la pago yo o que no quiero nada para seguir a mi aire.

Porque, por desgracia, que te inviten a una copa no es gratis. El contrato no escrito que viene con ese tubo de garrafón es muy claro: si acepto, él viene en el pack. Y puede ser desde tragarme una conversación que no me interesa lo más mínimo hasta bailar, o que pueda pensar que eso le da derecho a que me meta cuello en la pista. Eso es algo que aprendemos cuando empezamos a entrar gratis en las discotecas. Ellos tienen dos copas por veinte euros como entrada. Así que, si quiero beber algo, tiene que salir de mi bolsillo. Pero, claro, cuando se trata de gastar dinero en bebida, a todos nos cuesta.

Si como mujer empoderada digo que prefiero pagarme mi copa, seguramente me responderá el consabido «Uy, ya salió la feminista». Pero mejor eso que recibirla gratis con precio oculto. Porque otra gran lección que aprendemos gracias a entrar en esas discotecas sin pagar es que, si no nos ponen precio, el producto somos nosotras y otros pagan por consumirlo. La copa gratis es el coste implícito de aguantar al chapas de turno.

Así que, con semejante embrollo para algo tan sencillo como debería ser aceptar una copa y punto…, ¿cómo no sentirme empoderada sacando la cartera, aunque me haga entre cero y ninguna gracia dejarme los dineros en pagarle una hamburguesa a mi churri? Y lo más seguro es que cobre menos que mi cita de Tinder. Pero es que me pone cachonda decirle: «Deja, cariño, ya invito yo». Me siento como Madonna o Britney Spears mimando a su novio. Una auténtica diva con la cartera llena de billetes que no se corresponde con mi precaria situación actual (ni con la de la mayoría de las mujeres, por desgracia). Pero soñar, a diferencia de entrar en la discoteca, es gratis de verdad.

Por suerte, en pareja, esta relación algo viciosa se me pasa. Para mí no hay nada más práctico que decir que, si vamos a estar un tiempo juntos, lo lógico para las respectivas economías es que vayamos a pachas con los gastos, en función de nuestros ingresos, un concepto revolucionario que no es el de «igualdad», sino el de «equidad». Según el diccionario de la RAE, «equidad» es «dar a cada uno lo que se merece», aunque también se lee como «la manera de tener una relación feliz en la que ninguno sufra estrecheces por sus ingresos».

Que no quita que un día alguien pueda invitar a cenar o que haya un regalo o un detalle especial. Pero con lo fácil que es hacer una nota en el móvil en la que escribamos quién está pagando qué durante una escapada a Ibiza (hay aplicaciones para registrar los gastos), ¿cómo no llevar las cuentas de manera equitativa? Si ya convivimos, solo hay que trasladar este razonamiento al siguiente nivel. Dividir el alquiler, las facturas, las compras y guardar una parte como ahorro (importantísimo) no puede faltar si no quieres sentir que te estás dejando tu salario en nuestra vida social.

Entiendo que alguna vez se te pase pagarme el aperitivo

que tomamos en la terraza del barrio; no me voy a arruinar por dos vermús y unas tapas, te lo aseguro. Pero cuando se trata de pagar la mitad de la aspiradora, ya es otra cosa, ahí toca apoquinar. Soy una gran partidaria de que cada uno haga lo que quiera con el dinero restante, porque en pareja tiene que haber una gestión económica mutua, pero, una vez cumplidos los compromisos, como si quieres dejarte la pasta en terminar tu colección de cromos de Pokémon de la infancia. Me da igual. A ver, mejor si no es en drogas, sustancias ilegales o una muñeca sexual realista, que me dan grima.

Fuera de eso, veo muy sano que cada uno mantenga un porcentaje para sus gastos o caprichos. Es más, forma parte de la esfera que, por mucho que seamos pareja, tenemos que cultivar: la propia. Esas aficiones o planes en los que, aunque puedas participar de vez en cuando, son míos. Como mis noches de bachata, por ejemplo, o verme la final del *reality show* televisivo de turno en pijama con mi madre haciendo comentarios tan críticos que si nos mordiéramos la lengua, moriríamos envenenadas. Encantada de que vengas de vez en cuando a bailar Romeo Santos conmigo, pero quiero que sea mi momento, mi burbuja, y tienes que respetarlo, porque no es que te quiera menos, sino que me ayuda a mantener el equilibrio en mi vida, mi independencia, y que cuando lo compartamos sea el doble de especial porque te interesa algo mío (aunque te pierdas con los pasos, lo importante es pasarlo bien juntos).

3
MI VIDA CONTIGO SIN TI

Si te digo esto es porque espero que tengas claro que estar en pareja no significa que desaparezcas como persona. Por eso, si quieres dejarte el dinero en videojuegos mientras yo aumento la colección de cremas para la cara, tenemos el mismo derecho.

Qué importante es mantener el espacio personal y qué difícil es hacerlo a veces.

Sobre todo cuando parece que nosotras somos las encargadas de mantener vivos los planes sociales. De todos los exnovios que he tenido, ni uno era capaz de organizar un plan con amigos. Y me preguntaba cuándo, para escribirle un mensaje a su colega, habían activado un código CAPTCHA en el que tenían que resolver una ecuación de segundo grado, porque, si no, no me entraba en la cabeza esa dificultad a la hora de montar algo. No sé por qué, si nosotras no estamos pendientes de abrir la agenda, llamar y cerrar fecha, para muchos es un misterio complicadísimo (ojalá seas la excepción). Así que llega un momento en que o espabila mi pareja o me toca las narices tener una jornada aparte como secretaria. Porque luego no se queda ahí; se añade la función de Siri para que le recuerde que este sábado hay barbacoa con los del grupo de CrossFit.

Pero vamos a ver, ¿no sabes lo ocupadas que estamos como para que siempre tengamos que hacernos cargo de esto? Ser mujer es muy cansado. Es como vivir en un *escape room* constante donde tienes que sobrevivir a que te baje la regla, pueda reactivarse la candidiasis en cuanto tomas antibiótico o llevas unas bragas que no son de algodón, tienes que cuidar que no se te escape la cadena de mails, organizar la despedida de soltera de tu amiga e intentar comer sano dentro de tus posibilidades (y de la ansiedad que te pide a gritos que metas los Donuts en el carrito) y ser una hija medio responsable que no deja en leído a sus padres durante una semana.

Por eso tiene que haber siempre una vida fuera de la pareja, esa en la que me pueda ir a paseo —eso, a dar un paseo— y tú cojas la bici porque te apetece dar una vuelta por la naturaleza escuchando un pódcast sobre los sexadores de pollos. Aquí también hay una norma universal que se debe respetar como uno de los mandamientos de la Biblia: siempre voy a estar para mis amigas. Si hay una emergencia nuclear —o por poner una tragedia a la misma altura resurge su ex del pasado haciéndole dudar de si vuelven juntos una vez más—, cogeré mis cosas y me iré a donde esté.

En resumen, mi tiempo es mío. No quita que hagamos actividades juntos, pero que cada uno mantenga su vida fuera de la pareja es un compromiso que debemos asumir, como el de no ver sin el otro un capítulo de una serie a la que estemos enganchados. Y sí, también puedo quedar para tomar algo o salir de fiesta con amigos chicos y hacer *twerking* hasta rozar el suelo roñoso de la discoteca. Nada de eso significa que vaya a pasar algo con nadie. Esto tiene que quedar claro desde el primer minuto. Si estoy contigo es porque quiero. Ten la confianza y la autoestima suficiente como para que no resulte un problema que no me tengas a la vista.

Lo digo porque he salido con chicos que daban por hecho que, por estar en una relación, podían disponer de mi tiempo al completo. Una vez uno me invitó a un cumpleaños familiar en el último momento, cuando yo ya tenía la agenda planificada con una semana de antelación, y tuve que comerme su enfado por decirle que le haría hueco justo después y que, aunque llegaría tarde, iría. Su razonamiento era que aquel evento debía cancelar lo que yo tuviera porque era más importante el cumple de su hermano que mi plan, fuera cual fuese, o aunque dejara tirada a otra persona.

Quizá en otro momento de mi vida, cuando era más inmadura, habría pasado por el aro, pero le expliqué que no era mi culpa que no se hubieran organizado con tiempo. Lo que no iba a hacer era fallar a mi amigo por él, porque así es como nos quedamos solas cuando se acaba la relación. Y claro, cero unidades de sorpresa, aquella terminó al poco tiempo. A él no volví a verle el pelo, pero mi amigo sigue en mi vida. Tener en cuenta a la otra persona es tan fácil como preguntarle si le apetece hacer esto o lo otro, si tiene disponibilidad y si quiere acompañarte.

Creo que los compromisos están bien hasta cierto punto. Por mucho que a uno le flipe el ganchillo, no significa que el otro tenga que ir a todas y cada una de sus clases si lo único que quiere hacer con las agujas es clavárselas en los ojos para tener una excusa que le permita salir de allí antes de que acabe la hora. Habrá momentos en que esos mundos aparte, esas burbujas de amistades, protagonicen un *crossover* y te veas metido en un plan con mis amigos. Puede apetecerte más o menos, pero para mí es importante que vengas. Recuerda que es algo que haces por mí, así que sonríe. Aparecer con una actitud enfurruñada y hundirte en el sofá mientras el resto echa una partida a un juego de mesa en el que te has negado a participar es como si fueras con una *red flag* clavada en la espalda. En cuanto salgas por la puerta criticarán tu actitud, pues has estado más seco que un codo.

Nuestros abuelos tenían más fácil la división del espacio; para nuestras abuelas, su terreno era la cocina, y para ellos, todo lo demás. Nosotros, además de compartir el lugar físico a partes iguales (o intentarlo), tenemos que gestionar el espacio online. WhatsApp o Instagram son zonas virtuales en las que pasamos muchas horas de nuestro tiempo, relacionándonos con amistades de lejos o conocidos que nos preguntan de dónde es ese cachopo o qué champú usamos para lavarnos el pelo y tenerlo así de largo (el de cebolla o ajo de Babaria).

Y qué importante es que sean para nuestro uso y disfrute, y las utilicemos con responsabilidad, siendo otro lugar en el que nos relacionemos. La propia Tamara Falcó nos recordaba lo importantes que son nuestra presencia y acciones online incluso en el metaverso. Esas conversaciones privadas (como su nombre indica) son justo eso, privadas, una brecha espacial en la que podemos hablar con más gente, además de la pareja. Porque aunque el diálogo sea sobre el plato asturiano, solo nuestros ojos deberían verla, a no ser que queramos compartirla.

Lo que sucede en nuestros dispositivos forma parte de nuestra intimidad. Y la llave de esa parcela, la contraseña, no debemos compartirla, porque es un «e-spacio» (por aquello de internet) al que debe extenderse la confianza en la relación.

Y lo que hayamos hablado en nuestro pacto de pareja también es extensivo a los DM, ya hayamos establecido que podemos tontear sin llegar a nada, no hacerlo o —me invento— quedar con terceras personas que conozcamos por ahí, porque tenemos una relación abierta. En cualquier caso, debemos replicar nuestro comportamiento fuera de la pantalla. Así que si me pides acceso a mis perfiles por activa y por pasiva, la puerta que te voy a abrir es la de casa para que te largues.

4

LIBRE SÍ, PERO SEXY

¿Sabes una de las desventajas de ser mujer? Que nuestras libertades son las primeras que peligran si se produce un cambio de Gobierno. Es algo que hemos visto tanto con la prohibición del aborto en Estados Unidos como en Irán, con el ascenso de un dictador que ha impuesto el velo obligatorio. Pero los derechos de los hombres siguen siendo los mismos. Nadie ha aprobado nuevas leyes que afecten a su vida, pueden seguir como si nada, por mucho que la manera de dirigir el país dé un vuelco de ciento ochenta grados.

La libertad es una de las facultades que las feministas no nos cansamos de reclamar (mentira, nos cansamos, pero para eso tenemos infinitas dosis de café en la cocina). Y la queremos en todas partes: en casa, al salir de fiesta con las amigas cuando nos dé la gana, al vestir como queramos o al llegar donde nos propongamos. Pero lo de que se vea con buenos ojos ya es otra historia. Es un poco como una aceituna: puede tocarte blandita, de las que llevan anchoa, o quizá, cuando vas a morderla, hinques el diente en hueso. Por ejemplo, en las campañas de publicidad no es raro encontrar escotes infinitos; en las películas, las escenas que muestran el pecho son más que habituales; y si abres Instagram pasa lo mismo. Raro es que hagas *scroll* durante treinta segundos sin que aparezca un culazo. En cambio, se sigue criticando el hecho de amamantar en público o hacer topless en algunas piscinas.

Casi da pie a pensar que solo se permite esa libertad de enseñar el cuerpo si es para los ojos de un espectador masculino, no para una misma o para dar el pecho a un bebé, cuando la teta es su medio de vida, vaya. Pero que los hombres vayan con el pecho al aire sigue siendo un privilegio del que nosotras no podemos disfrutar. Se decidió que nuestros pezones tenían que censurarse para aparecer solo en contextos íntimos, y no hay forma de que podamos ir sin camiseta con las tetas colgando en una ruta de senderismo, como hacen ellos.

Instagram lo sabe muy bien. Una inteligencia artificial se dedica todo el día a censurar cada pezón femenino. ¿Lo más gracioso? Que si editas una foto de tu pecho poniendo encima los pezones de tu novio lo más probable es que la foto no desaparezca. De esta manera conseguirás hacer de Instagram un lugar mejor y más seguro para todos, no con tus pezones campando a sus anchas y destruyendo el sistema a golpe de like.

Y eso que cada vez se nos aplaude más el discurso del empoderamiento para quitarnos la ropa. Cuando una famosa sube una foto al desnudo reivindicando su cuerpo, nos volvemos locas y locos: qué valiente, qué poderosa, mírala, mostrándose tal como llegó al mundo. Ese es el empoderamiento que gusta, el *mainstream*, el «empoderamiento reina del pop», como Amaya Montero. Pero mientras que desde nuestro punto de vista es reivindicarnos, para muchos el aplauso viene —por triste que sea— de la posibilidad de ver cacha y dar la vuelta a la libertad para convertirnos en un objeto sexual. Es más, hacerlo en las redes sociales viene acompañado de un sinfín de mensajes privados con insinuaciones. ¿Significa eso que se nos vende la libertad sexual para cosificarnos? Elemental, querido Watson.

Porque no es tanto aceptar el cuerpo, sino cómo lo hacemos. ¿Te parece si analizamos cómo suelen ser ese tipo de *nudes*? La mayoría tienen en común que la iluminación es fantástica; la pose, favorecedora; la tripa, hacia dentro; la espalda recta para resaltar el pecho; el culo, hacia fuera; el plano, desde abajo para hacer la pierna más larga... Somos las primeras que no subimos una foto al azar, sino una perfecta representación de lo que creemos que es nuestro cuerpo desde su mejor punto de vista. Y lo peor es que lo tenemos tan normalizado que ni nos damos cuenta de que con esa foto somos las primeras en cosificarnos. Cuando no buscamos nuestra aprobación al cuidar esos detalles, la que nos preocupa es la aprobación ajena. Al final, reproducimos el mismo tipo de selfi sexy con mensajes empoderantes que siguen dándole cuerda a esta idea de cómo debe ser el cuerpo femenino.

Aunque Instagram me ha permitido divulgar mi trabajo, hay días que, si fuera una piscina, tiraría un par de bolsas de pirañas al estilo Miércoles Addams. Porque el hecho de que se «consuma» el cuerpo femenino disfrutando de su imagen no es la única razón de que este discurso tenga tantos adeptos. Mientras nos preocupe subir la foto desnudas a Instagram y centremos el empoderamiento en eso, igual no dedicaremos tanto tiempo ni atención a acceder a puestos de trabajo que están fuera de nuestro alcance porque se los dan

LIBRE SÍ, PERO SEXY

a compañeros, por ejemplo. Es un empoderamiento fácil y barato que no implica que los hombres nos dejen hueco. Es casi el regalo del Happy Meal.

Pero no es el único que queremos. El objetivo es tenerlos todos y poder quitarnos la ropa si nos da la gana, vale —tú sabrás si quieres que tu tía de Palencia te vea los *belfies* (esas autofotos hechas al trasero mediante espejos o poses de contorsionista que se han puesto de moda entre famosas e influencers, donde lo importante es enseñar los glúteos en vez de la cara)—, pero no ligar empoderamiento solo a un desnudo cuando también es laboral, económico, social y emocional. Nuestra responsabilidad no es reproducir el selfi empoderante hasta el infinito y más allá, porque a lo mejor más empoderante que eso es subir una foto con las llaves de tu primera casa, esa que hemos podido comprarnos porque nuestro salario nos permite pedir una hipoteca sin necesidad de una pareja para que nos la den.

5

¿SOMOS IMPOSTORAS?
SPOILER: NO

De todas las preguntas que me hago sobre mi forma de ser, creo que la que más me gustaría contestar es por qué tengo tantos problemas de confianza. Mejor le doy la vuelta: ¿cómo no iba a tenerlos? Desde pequeña me ha dado miedo cruzar el patio del colegio. Los niños de mi edad tenían pesadillas con el payaso de *It*. Lo que habría dado yo por que mi mayor preocupación fuera un payaso con un globo. A lo que me enfrentaba cada día era a llegar al otro lado del patio sin que me acribillaran a balonazos —no sé si perdidos o milimétricamente disparados— desde el campo de fútbol. Lo que puede parecer irrelevante es el comienzo de un mensaje que nos cala, porque es el lugar donde pasamos tiempo socializando los primeros años de nuestra vida. Mis compañeros disponían de la mayoría de la superficie, mientras que nosotras teníamos que ocupar los laterales. Y que ni se nos ocurriera pasar por el centro del campo, porque aquello era muerte súbita asegurada por pelotazo en la cara.

Ya ahí empezamos a sentirnos «de segunda», y las clases siguen un poco la línea. El graciosillo, el ruidoso, el que interrumpe cada dos por tres es siempre un chico. Y termina haciéndolo en el futuro (lo he comprobado, tuve una cita con él años más tarde). Pero, claro, ¿cómo no vas a sentirte el héroe de la acción si desde pequeño te dicen en las series y películas que eres el que manda, la estrella del show? *La banda del patio*, *Dragon Ball*, *El príncipe de Bel Air*, *El rey león*, *Aladdín*… Claro que nosotras teníamos con quien sentirnos identificadas, pero casi siempre eran princesas Disney o heroínas de series que no han podido competir en cantidad con los protagonistas masculinos. No había más roles donde elegir ni que nos sirvieran de referencia.

Y si encima el espacio se piensa y diseña para vosotros, lo que se consigue es incrementar esa sensación de desigualdad que nosotras tenemos. Me explico: ¿cuántas veces has ido de festival? Espero que la respuesta sea «un montón», porque con eso ya tendremos mucho en común (e ideas infinitas para regalos de cumpleaños). Y ahora la segunda pregunta: ¿cuántas veces has tenido que hacer cola para hacer pis? Si te fijas, cuando vas al baño de hombres, la entrada es como la puerta giratoria de un aeropuerto: los tíos entráis y salís a la velocidad de la luz.

En cambio, ir al baño de mujeres es como hacerte el Camino de Santiago, que sabes cuándo lo empiezas pero no cuándo lo vas a acabar. Por eso no es raro que nos organicemos con una hora de antelación para no perdernos a nuestra artista favorita en el escenario. Nada sería más lamentable que su show me pillara diciéndoles a las que intentan colarse que apechuguen y se pongan a la cola, que empieza cinco kilómetros detrás de mí.

Para los diseñadores de WC, la matemática fue perfecta. «¿Quieren igualdad? Pondremos el mismo número de urinarios portátiles en cada lado». En su cabeza era maravilloso.

No contemplaron que nosotras, con la uretra en la vulva, tenemos que desabrocharnos y bajarnos el pantalón (o subirnos el vestido) si no queremos pringarnos. Si nos cronometras, siempre tardamos unos segundos más. Y eso si vamos a hacer pis. En caso de que tengamos la regla, necesitamos encontrar el tampón, tirar el viejo —o vaciar la copa y enjuagarla— y volver a introducir el suministro de higiene femenina elegido. Es algo que nos sucede durante días, y al menos una vez al mes. Y embarazadas necesitamos usar el baño con más frecuencia.

Si nos alejamos del festival y ponemos como ejemplo un restaurante o un bar —donde los baños también son iguales en cantidad para hombres y mujeres—, es más que probable que nosotras nos encarguemos más a menudo de llevar a los niños a hacer pis y cambiarlos (el cambiador casi siempre está en el baño de mujeres). Ah, y también el baño femenino es el que se comparte con hombres y mujeres de movilidad reducida, algo que en el de hombres parece no existir. ¿Será que no hay varones en silla de ruedas? Y de haberlos, ¿por qué tienen que venir a nuestro baño, que ya bastante apuradas vivimos la experiencia de disponer de un espacio y tiempo limitados con nuestro reto personal de hacer pis sin salpicarnos ni apoyarnos en la taza, quitarnos la ropa con cuidado de no mancharla, sujetar el bolso porque no hay colgador y cortar papel al mismo tiempo mientras con un pie sujetamos la puerta porque el pestillo está roto?

No sé a qué esperamos para diseñar urinarios más equitativos. Tiene que venir una paloma mensajera del cielo para que la humanidad se pare a escuchar su mensaje o tenemos que empezar a protestar haciendo pis en las puertas de los baños que no tengan más cubículos para nosotras. Tú ríete, que como la noche anterior hayamos cenado espárragos, puede ser una protesta muy maloliente... Piénsalo. Y no, no me vengas con que en las discotecas tenemos ventaja. Ya hemos hablado de eso. El único lugar donde tendría privilegio a la hora de entrar antes que un hombre sería en una clínica de donación de óvulos.

Así que este combo de factores hace que, como mujeres, lleguemos a la edad adulta con dos características: mucha paciencia, porque nos hemos enfrentado a colas de baño más largas que una venta de iPhones, y con el síndrome de la impostora. Nos da la sensación de que no somos suficiente para ese trabajo, ese proyecto, esa relación, ese grupo... Y como resultado nos pasamos el tiempo agobiadas pensando que, de un momento a otro, alguien irrumpirá en la oficina y nos llevará esposadas a la cárcel por la afrenta de presentarnos al puesto de mánager. Aunque el síndrome del impostor también puede afectar a los hombres, es algo que en mayor medida nos pesa a nosotras. ¡Si hasta Michelle Obama y Angela Merkel lo han padecido! ¿Cómo no voy a sentirme poca cosa cuando les ha pasado a ellas? ¿Las has visto? Es más, según iba escribiendo este libro, mis pensamientos más frecuentes eran: «¿Hoy me he duchado? No me acuerdo. Bueno, da igual, voy a estar todo el día en casa escribiendo» y «Dios mío, ¿qué hago hablando de esto? Se van a vender cinco ejemplares, y seguramente todos los comprará mi madre».

Hay dos escritoras, Élisabeth Cadoche y Anne de Montarlot, cuyo libro *El síndrome de la impostora. Por qué las mujeres siguen sin creer en ellas mismas* es clave para entender qué nos pasa a las mujeres, en especial cómo nos distinguimos si queremos un puesto de mayor responsabilidad. Según la periodista y la psicoterapeuta, al presentarse a un puesto el hombre sobreestima sus capacidades y rendimiento. Y si no cuenta con las competencias necesarias, no tiene problema en aprender. Bien por vuestra capacidad de resiliencia, oye, todo hay que decirlo. Nosotras en cambio nos sumimos en la reflexión de si es o no buena idea postular para el puesto o nos perdemos en las cavilaciones de si estamos listas para atrevernos a mandar ese mail y decir que nos interesa.

Y si lo conseguimos, ¿vamos a pensar que es porque somos unas auténticas cracks del marketing o de la abogacía y que merecíamos el ascenso? ¡No! Es probable que pensemos que ha sido gracias a las circunstancias o cuestión de suerte (pero que yo sepa el azar no está dejándose el culo ocho horas en la silla, eso lo hacemos nosotras). La falta de confianza es la responsable de estos sentimientos que nos carcomen. Pero me gustaría que entendieras que cuesta no terminar con la autoestima tocada si desde pequeñas sentimos que debemos ocupar menos espacio para no molestar a los que juegan al fútbol, si no nos atrevemos a hablar porque siempre nos interrumpen en clase o en casa, o si al conseguir unas prácticas o una nota sobresaliente en clase enseguida se dispara el rumor de que a saber qué hemos hecho con el profesor para conseguirlo... Ya te lo digo yo, José: se llama estudiar y no andar de botellón cada tarde en la universidad.

Pero no queda ahí la cosa, aún hay más... A todo esto, le tenemos que sumar que históricamente venimos de ser criadas como las dueñas y señoras del espacio privado, con el objetivo de tener hijos fuertes y sanos mientras no se nos sale un solo pelo del moño ni perdemos la sonrisa. Vale que no somos nuestras abuelas, pero sabemos lo que han pasado ellas (y no hace tanto, vaya). Movernos en los espacios de trabajo se ha convertido en un arma de doble filo. No solo sentimos que no pertenecemos a dichos espacios o que tenemos que esforzarnos el doble para conseguirlos, sino que la idea de la perfección se nos ha enganchado al brazo. Y además ¡tenemos que hacer todo eso menstruando! No solo como vosotros, sino mejor, al fingir que no nos están acribillando los bajos a pinchazos en la reunión semanal.

Con esta presión por llegar a todo, ¿cómo no vamos a sentirnos culpables de no cumplir las expectativas? Si la vida es como una pista de autos de choque, no es que podamos ser uno más y circular, es que parece que o somos un Tesla o somos un fracaso absoluto.

6
EL PESO (PESADO)
DE LA CULPA

Una mujer de tu entorno está sintiendo justo en este momento una inmensa sensación de culpabilidad. Da igual cuándo leas esto. Lo de la culpa y ser mujer es tan típico como las ganas de pulsar el botón de cerrar la puerta del ascensor cuando oyes pasos acercándose. Si sentir culpa fuera un deporte internacional, tendrían que hacer un pódium de varios kilómetros de largo donde todas pudiéramos llevarnos la medalla de oro, porque se nos da de maravilla. Dicen que el universo ya no es infinito, pero te puedo asegurar que las razones por las que nos podemos sentir culpables sí. Primero nos sentimos malas estudiantes cuando no llevamos a casa las notas que esperan de nosotras. Malas amigas cuando no encontramos el momento de quedar con una compañera que ha sido madre, pues tenemos una agenda con franjas de treinta y cinco minutos en los momentos más raros del día. Malas hijas cuando no llamamos lo suficiente a nuestros padres si nos vamos de viaje, si vivimos en otra ciudad o cuando nos independizamos, aunque sea a diez metros de su portal. Siempre tenemos la sensación de que no los vemos lo suficiente, y eso nos pesará en el futuro, cuando no estén.

También nos sentimos malas compañeras cuando le decimos a otra que no le cambiamos el turno de Nochebuena por mucho que nos lo pida (y eso que los últimos cinco años nos lo hemos comido nosotras, pero aun así nos sentimos malas personas). Nos sentimos malas empleadas si salimos cinco minutos antes o llegamos cinco minutos después, cuando tenemos que pedirle a nuestra jefa que, por favor, nos deje ir a casa porque la regla nos está taladrando las entrañas. Pero también malas novias cuando hacemos demasiados planes sin ti, cuando nos lo pasamos bien con nuestras amigas, llegamos tarde a casa o te decimos que nos vamos de viaje solas.

Y, por supuesto, malas madres. Aún no he entrado en el club de la maternidad, pero su fama le precede. La culpa es un sentimiento que nos acompaña desde que nos levantamos hasta que nos acostamos. Malas madres desde por no cambiarle el pañal en mitad de la noche o porque se nos ha olvidado comprar una talla más y hay que gastar los pequeños, hasta por haber llevado a los niños a un colegio donde les hacen *bullying*.

Si el estado natural del oso polar es no sentir frío, el de la mujer es sentir culpa. Se ha convertido en nuestra manera de estar en el mundo y relacionarnos con el entorno. Pero no nacemos con ella… A sentir culpa se aprende, y es algo que nos viene desde pequeñas, con esa educación en la hiperempatía que recibimos. Si nuestro objetivo es estar para agradar, poner un límite, decir «no» o sentir que no estamos a la altura de esas expectativas nos produce más dolor que cuando en otoño se nos cae el pelo a puñados.

Parece que tenemos que ser una especie de Manos Unidas abierta las veinticuatro horas, siempre prestas a solucionar los problemas de quienes nos rodean, y siempre con una sonrisa en la cara, que sonriendo estamos más guapas. Un ejemplo: hace poco iban a operar a mi padre y yo me sentía culpable porque me marchaba de viaje después de la intervención. Una amiga me comentó: «Pero ¿y tu hermano no puede cogerse el día?». Y fue como si hubiera descubierto Narnia en el armario de casa. Sí, mi hermano podría cogerse el día, pero seguramente ni se lo había planteado ni se sentiría mal por no hacerlo. Yo me fui en el tren con la sensación de dejar a mi padre abandonado en una cuneta, lejos de cualquier núcleo urbano, sin agua ni comida, cuando en realidad se había quedado en casa con mi madre y nuestro perro. Esa es otra diferencia: yo no me planteo irme lejos de donde viven por lo que puedan necesitar en unos años. Pero mi hermano solo piensa en vivir en cualquier pueblo remoto alejado de la mano de Dios, el tipo de aldea a la que solo se pueda llegar con un todoterreno, un mapa de carreteras, una brújula y un experto en seguir rastros. Yo no podría. La culpa me perseguiría —incluso sin el experto— y acabaría con mi salud mental.

Hay quien dice que la culpa es heredada, que como crecemos en familias donde las mujeres son criadoras, amas de casa, peluqueras, psicólogas y cuidadoras de los mayores, sentimos que fallamos cuando no replicamos los patrones que hemos visto. Puedo pasar sin herencia millonaria, de acuerdo, pero ¿tenía que tocarme este legado familiar? ¿Sentir que fallo a los demás cuando no organizo los cumpleaños de mi madre porque son los únicos de los que no se ocupa ella y nadie más de la familia, si no soy yo, lo tiene presente? Supongo que de ahí viene que pidamos perdón casi hasta cuando es otro el que choca con nosotras. Tenemos arraigadísimas tanto la culpa como la disculpa.

Entonces ¿qué hacemos? ¿Qué hacemos? ¿Combatimos la culpa cumpliendo todo lo que creemos que nos toca para que esa buena acción tranquilice nuestra conciencia? Pues no, más sencillo: delegamos, porque no llegamos a todo. Si nuestra jefa quiere algo para ayer y no nos da la vida, hay que decírselo para que se lo encargue a otra persona. Si nuestro padre necesita que alguien le lleve a una revisión, hay que pedirle a nuestro hermano que se encargue si hasta ahora no se ha cogido días para hacerlo. Y sobre todo debemos confiar en que nuestra «tarea» está en buenas manos y fiarnos de las capacidades de la otra persona. Si estamos hasta las narices de decir que la cama hay que hacerla, debemos dejar que el otro la haga aunque la sábana no quede tan alineada con las almohadas como nos gusta. No tenemos que ser perfectas.

En la cultura del esfuerzo en que vivimos, mediante la que solo se consigue el éxito perseverando, tenemos que triunfar en todo, así que la culpa se ha convertido en un mecanismo perfecto para controlar si llegamos a nuestros compromisos laborales, sociales, de cuidar a los demás y de mantenernos en forma comiendo sano y en una talla 36. Como no hagamos eso, rápidamente se encargan las revistas de avisarnos de que nos estamos descuidando. Mira, créeme, ese Kinder me acaba de dar más tranquilidad después del día de huelga de transporte público que cinco clases de *spinning*.

También debemos recordar que no está en nuestra mano hacerlo todo, que eso de la Superwoman ahora mismo es, para mí, levantarse de la cama, tal y como está el panorama. Además, eso de dedicar tiempo a todo y a todos hace que, para llegar a nuestros compromisos, nos lo quitemos a nosotras. No decimos: «Ah, bueno, hoy no llamo a mis padres y leo un ratito». Más bien suele ser al revés: «Pues hoy tampoco leo, pero les llamo». Con esa autoexigencia, ¿cómo no vamos a terminar con una crisis emocional y pidiéndole a la peluquera que nos haga algo distinto de lo que nos vamos a arrepentir a los cinco minutos? No necesitamos un corte de pelo, necesitamos estar más tranquilas en nuestra propia piel.

Me hace gracia que, según los científicos, dormir con la persona que te gusta reduce la depresión y prolonga la vida. ¿Sabes qué prolongará mi vida y evitará la depresión? No andar cargando con el estrés de que tengo que hacerme cargo de todo porque los hombres de mi alrededor se involucran y empiezan a asumir roles de cuidado. Pero también asumiendo que no tengo que llegar a todo y mira, es lo que hay, he venido a ser feliz, no a estar saturada.

Tercera Parte

LA VIOLENCIA

Como feminista, comentas que la cosa está fatal para encontrar trabajo siendo mujer y te dicen que qué pasa con las denuncias falsas. Hablas de la brecha salarial y te lo rebaten con las denuncias falsas. Te quejas de lo caro que es un paquete de compresas y el ibuprofeno para el dolor de regla y te echan en cara las denuncias falsas. Vas al supermercado a por el pan, dices que no tienes suelto, que si te pueden cobrar con tarjeta, ¡¡¡y te vuelven a sacar las denuncias falsas!!!

No hay un tema que llene más la boca de los detractores del feminismo que las denuncias falsas de las mujeres hacia los hombres de los que dicen que las han agredido. Para ellos es como la carta +4 del UNO: puedes echarla en cualquier momento y, si no ganas la partida, al menos consigues tiempo y eliminas el turno de tu interlocutora haciéndola callar con esa realidad en apariencia universal e indiscutible, como que el ColaCao tiene grumos y los paraguas se dan la vuelta cuando sopla el viento.

Harry Potter y el misterio de las denuncias falsas. Bueno, no todas, solo las que implican a esa gran cantidad de hombres encarcelados por las mentirosas de sus parejas. Es que fíjate si somos hábiles las mujeres que somos capaces de engañar hasta al mismísimo sistema judicial. Eso sí, cuando se trata de convencer al dependiente de la tienda de ropa de que no nos hemos puesto ese top, no se cree ni una palabra. Así que o confían demasiado en nuestras habilidades inventivas o no tienen mucha fe en los profesionales que se encargan de estos temas. De una u otra forma, la resolución más sencilla es ir a los números. Según el informe de la Fiscalía General del Estado del año 2016, de las 129.292 denuncias que se interpusieron por violencia de género en 2015, solo eran falsas un 0,0015 por ciento. Es decir, aquel año no hubo ni dos hombres encarcelados injustamente. Sin embargo, es un argumento con el que se tiran por tierra las otras 129.291 denuncias que se consideraron ciertas.

El mito de la denuncia falsa es perfecto para que la existencia de esos 1,93 hombres —¿te imaginas cómo serían los 1,93 hombres, con otras dos piernas y solo un brazo, al estilo villano de *Stranger Things*?— escriba su propio esquema de lo que es una deformación de la realidad: un mundo injusto que oprime a los hombres inocentes y está a la espera de ponerles entre rejas a la mínima. La Inquisición 2.0. Lo que tiene esta falsedad es que ayuda a descalificar y tapar una situación real. Pero aun así es un bulo al que muchos se aferran como a un clavo ardiendo. Porque es perfecto para seguir acosando a diestro y siniestro, diciendo que somos unas locas y unas manipuladoras, cualquier cosa antes que reconocer que tenemos un problema en el que los hombres son los protagonistas.

Pero volvamos a esa cola del pan donde José Miguel se ha quedado blanco al oírte decir que lo de las denuncias falsas es algo que le conviene. Sobre todo para tildar de mentirosa a la chica que le acaba de recriminar por la calle que el piropo se lo meta por el mismo sitio por el que va a terminar saliendo la barra de centeno que lleva bajo el brazo.

Porque también le puedes decir que, según el proyecto Social Institutions & Gender Index de la OCDE (2019), el 31 por ciento de las mujeres han sufrido algún tipo de violencia por parte de su pareja. Y a diferencia de los carteles del año 2000, en los que veías a una mujer con el ojo morado, el maltrato no es necesariamente un puñetazo. Es desde que te agarre por la muñeca, te zarandee, te coja del cuello, te empuje, te dé una bofetada, te tire al suelo o por las escaleras, te escupa, te golpee en el estómago o te pegue una patada.

Es casi el mismo dato que presentó la Global Database on Violence against Women de ONU Mujeres: en todo el mundo, un tercio de las mujeres y de las niñas ha sufrido violencia física o sexual. Y menos del 40 por ciento ha buscado ayuda. Entre ellas, solo el 10 por ciento ha acudido a la policía.

Pero no hace falta irnos tan lejos. La violencia machista la tenemos al lado. Venga, te prometo que ya faltan menos números, que parezco tu profesora de matemáticas de la ESO. El Instituto Nacional de Estadística, cuya web es la que más estoy visitando para escribir este libro después de <comoes cribirunlibrodefeminismoynomorirenelintento.com>, registró que en 2020 fueron asesinadas 47 mujeres por violencia machista. En 2021 fueron 43, y todas a manos de sus parejas o exparejas hombres. Pedir ayuda es fundamental; solo nueve víctimas mortales (el 20,9 por ciento del total) habían denunciado a su agresor.

Aunque también cabe decir que solo dos de ellas (el 4,7 por ciento del total) tenían medidas de protección en vigor cuando se produjeron los hechos. Esto significa que no solo se necesita un sistema al que recurrir cuando esto suceda, sino que es preciso que el sistema funcione en condiciones. Porque si es tan efectivo como el apaño que le haces al cable del cargador del móvil cuando empieza a desintegrarse, no es sostenible a largo plazo. Las instituciones deben estar alineadas y actualizarse, porque en 2022 asesinaron a 49 mujeres en España, y a finales de abril de 2023 han muerto asesinadas 29 mujeres, más de la mitad de las de 2022. Las cifras están subiendo. El número de mujeres víctimas de la violencia machista ha aumentado: en el primer trimestre han sido un 17,85 por ciento más que en 2021, y en las denuncias hay un incremento del 19,33 por ciento, según los datos del Observatorio contra la Violencia Doméstica y de Género. Que nos están matando, señores.

Entonces, si las denuncias no son falsas y hay mujeres asesinadas, ¿qué les queda a los pobres José Migueles, Manolos y Antonios para defenderse? ¡Marear la perdiz! Una historia tan vieja como el mismísimo botijo de barro. No es que haya tantos asesinatos, es que los que matan son de fuera. ¡Brillante! El concilio de hombres que decidió ponerse de acuerdo para hacer la «cuerda huida» señalando al vecino se coronó con este otro mito. Pero ¡ay!, malditos datos que dicen lo contrario. Para esta afirmación me voy a remitir a la Estadística de violencia doméstica y violencia de género del Instituto Nacional de Estadística con datos de 2021. Si analizamos a los agresores —quienes, por cierto, corresponden al perfil de un hombre entre los treinta y los cuarenta y cuatro años— por lugar de nacimiento, dos de cada tres (el 63,5 por ciento) han nacido en España. O sea que no, no son de Marruecos,

Rumanía, Latinoamérica o China. Son de aquí, han crecido como tú y como yo, tomando Flash en verano, viendo el *Grand Prix* y comiendo el sanjacobo en la vajilla Duralex de sus abuelos.

Pero bueno, ¿cómo no van a pasar estas cosas si los medios nos hacen la cabeza un lío? Cada vez que hay un asesinato por violencia machista nos vienen con el titular de «Ha aparecido una mujer fallecida» o «Fue hallada muerta», como quien se va en otoño al campo y halla boletus porque es temporada, solo que en vez de setas son escenas del crimen. Queremos que las cosas se digan por su nombre, que a los asesinos se les llame así, que no se siga vendiendo la fantasía de que las mujeres se encuentran muertas como si hubieran dejado voluntariamente de respirar, y no porque alguien les ha quitado la vida. Por duro que sea. Y que ese alguien no aparezca solo en las noticias cuando es de una nacionalidad ajena a la española.

Porque cuando analizamos algunos artículos sobre los feminicidios no se menciona la nacionalidad de los delincuentes si han nacido en España, pero es un dato imprescindible si no es el caso. Y aquí podemos pensar que se hace para ayudar a identificarlos en la investigación (para la busca y captura es imprescindible una descripción física detallada, por ejemplo, o eso hemos aprendido de las series policiacas). Pero ni sabemos hacer esas distinciones (¿o me vas a decir que sabes diferenciar a un italiano de un griego?) ni es un dato que ayude a agilizar el ingreso en prisión. Lo que sí hace es, por un lado, potenciar la xenofobia y, por otro, como la milonga de las denuncias falsas, construir un universo alternativo y cómodo en el que los hombres que han nacido aquí no son el problema. Cuando, a los datos me remito, son los culpables de la mayoría de los casos.

Y ahora que ya le hemos dejado las cosas claras a José Miguel, salgamos de la panadería y comprémonos un buen vino (donde acepten tarjeta, recuerda que no llevamos suelto) para brindar por nuestra primera batalla dialéctica feminista. Nos lo hemos ganado.

1
NO DIGAS QUE ES
UN «COÑAZO»

La primera vez que me llamaron «puta» no tenía ni idea de lo que significaba, pero todos reaccionaron como si acabara de pasar algo muy gordo. Estaba en el patio del colegio y la palabra me sonaba a otro idioma. Esa fue solo la primera. Pero, ay, le seguirían tantas... Además, es un poco como la lluvia, no sabes cuándo va a estallar la tormenta, pero tarde o temprano te va a caer el «puto» chaparrón. Lo mismo nos viene de un coche en marcha que de una ventana abierta. El tío de Instagram también nos lo suelta si le decimos que no queremos quedar para tomar un café, e incluso si vamos andando tranquilamente por la calle es posible que un transeúnte nos lo regale al decirle que su piropo «Ojalá fuera maricón» no solo es sexista, sino homófobo (sí, es una historia real). Nos lo han llamado tantas veces en la vida que ni siquiera nos suena raro. Somos unas putas amargadas, unas putas retrasadas, unas putas histéricas, unas putas a secas o unas guarras si rechazamos o unas putas salidas si disfrutamos. La cosa es insultarnos con el «puta».

Hace poco hice un experimento y me puse a buscar en Twitter a las mujeres más mediáticas del país: actrices, cantantes, presentadoras, deportistas, políticas o personalidades de la televisión. Todas ellas, todas, tenían tuits con alguno de los siguientes apelativos: «puta», «guarra», «zorra» o «golfa». Y te hablo de mujeres que iban de Alexia Putellas a Irene Montero, pasando por Isabel Díaz Ayuso, Shakira o Cristina Pedroche. Además, eran tuits de hombres como respuesta a noticias de su vida o su carrera. Entonces ¿cuál es el denominador común de esa violencia en las redes por parte de los *haters* varones? Que se dirige a mujeres.

Sabes desde pequeñito que añadir «puta» delante de cualquier cosa lo hace mil veces peor. Olvídate de las lecciones de matemáticas, «puta» sí que es exponencial. Puta vida, puta semana… La connotación negativa de «puta» es evidente, pero no es la única palabra, hay más ejemplos en el vocabulario. ¿Cuántas veces has dicho que esa asignatura de la universidad, en la que el profesor lee los apuntes en un tono que solo oirían los murciélagos, es un «coñazo»? «Coñazo», derivado de «coño», que a su vez viene del latín *cunnus*. Pero lo que no viene del latín es la costumbre de relacionarlo con cosas tediosas o desagradables. Pregunta seria: ¿has visto con detenimiento un coño? Tiene diferentes texturas, colores, recovecos, un clítoris secreto bajo un capuchón, orificios, olores… Es más interesante que hacer esnórquel en Malta con una de esas máscaras del Decathlon. ¿No será cosa del machismo que lo guay siempre tenga que ver con los genitales masculinos? El «cojonudo» nos anima, y también los usamos para decir «Madre mía, esa nueva serie es la polla».

El lenguaje es mágico, ¿verdad? Una zorra es una mujer libertina, pero un zorro es un tío superlisto. Si te dicen que estás hecha una vaca, estás gorda, pero si te comparan con un toro, eres un tiarrón. ¿Una perra? Véase el caso de zorra, pero «ser un perro» significa que eres un pillo o que te gusta estar tumbado. George Orwell, lo de dividir a los animales por su género sí que es la *Rebelión en la granja*. Y si entro en términos más en desuso como «meretriz», «fulana», «ramera» o «furcia», puedo llenar un capítulo. En castellano existen hasta cincuenta formas diferentes de llamar «puta» a una mujer. Qué cosas. En cambio «cumpleaños», una palabra superguay que a todo el mundo le encanta, no tiene ningún sinónimo.

Es muy significativo que el insulto predominante sea «puta» y sus derivados. Si querías pruebas de que arrastramos el tema de la reputación como una losa, aquí las tienes. Da igual la época a la que te remontes, a las mujeres siempre se nos ha exigido un historial sexual impecable, así que el punto opuesto es tener una vida sexual (porque todo lo que no sea una inmaculada virginidad está fatal). Ahora nos sentimos más libres de tener sexo cuando nos salga del pie sin que nos hagan despatarrarnos delante de un grupo de mujeres que declaren ante el tribunal eclesiástico que pasamos la prueba de la «pureza». Pero el «puta» es un poco un recordatorio para que no te desmelenes demasiado. El castigo si lo haces es el insulto. Esta palabra nos persigue, hagamos lo que hagamos, para siempre. Si nos bajamos las bragas, porque lo hemos hecho. Si no queremos hacerlo, porque no hemos querido. El resultado no varía.

Apropiarse del término «puta» no es sencillo, pero alguien que lo ha conseguido —y a quien admiro mogollón, ya de paso— es Zahara. Ha logrado coger la eterna etiqueta y convertirla en algo precioso, darle la vuelta. Porque por mucho que creamos que lo que nos une es que ya somos demasiado mayores como para salir con Leonardo DiCaprio, lo que tenemos en común es que nos lo han llamado alguna vez. Podemos elegir: o nos apropiamos del «puta» como han hecho los gais con «maricón» o empezamos a decir a los niños desde pequeñitos que no está bien que nos llamen eso. Y paramos los pies a los que, de mayores, nos lo van soltando por la calle. Podemos hacerlo solas, pero si por un casual lo oyes, involucrarte es formar parte de la resistencia.

Pero bueno, no quería enrollarme con este término porque el lenguaje es rico en otros ejemplos sexistas que también mereces conocer. En la estructura familiar, que el suegro sea mencionado casi con reverencia con «el cabeza de la familia», el «patriarca», es habitual. Pero ¿y la suegra? Según los chistes, siempre es una bruja.

Hasta hace nada oíamos en la serie *Friends* el «corres/lloras/pegas/*introduce el verbo que más te guste aquí*» seguido de «como una niña» como un sinónimo de debilidad o falta de virilidad que a ellos les asusta y a nosotras nos mina la autoestima.

Joder, llevo toda la infancia haciendo las cosas como una niña y mírame, estoy escribiendo un libro. Tan mal no me ha ido. Nosotras también podemos ser un ejemplo. Y fíjate si ser mujer está mal que como le metan un gol a tu equipo en un partido de fútbol, los insultos y comentarios que vas a leer es que la culpa es de la novia del portero. ¡Cuando ella ni siquiera está jugando! Si me dices que está con él en la portería y se le ha colado la pelota entre las manos, lo puedo entender, pero vaya, que no es el caso. Está en la grada, ajena a lo que pasa en el campo.

¿Cómo no pensar que lo relacionado con las mujeres es

negativo si todavía se nos conoce como «el sexo débil»? Madre mía, sexo débil… Llámame «sexo débil» después de hacerte la cera fría en las ingles sin desmayarte, cuando te arrancan la banda a la velocidad de un Ferrari. Eso es fortaleza y lo demás tonterías. Hay mujeres que han tenido auténticas epifanías en ese trance de dolor. ¿Y parir? Eso es otro rollo: tu cuerpo se descoyunta y se rompe literalmente para que saques a un ser vivo hecho y derecho que ha estado alojado encima de tu vejiga. No es cuestión de fortaleza, es que somos el maldito vibranium.

Para ir terminando, quiero rescatar mi frase favorita, el famoso «Mujer tenías que ser» cuando vas conduciendo o en pleno proceso de aparcar. No puede ser más falso, y traigo pruebas. Según el informe que elaboró la Fundación Eduardo Barreiros con la Escuela Técnica Superior de Ingenieros Industriales de la UPM en 2017, nosotras no solo somos más responsables al volante y estamos implicadas en menos accidentes de tráfico, sino que cuando el accidente es mortal, los fallecidos se duplican si conducía un hombre. Así que, si alguna vez te sientes tentado de decir nada, recuerda que si hubiera más mujeres en la carretera, esta sería un lugar más seguro y menos mortal. Más parecido a un vídeo de educación vial que a una escena de *Fast & Furious*.

Después de esta chapa, solo queda preguntarse si el lenguaje es machista. Porque, en caso de que lo sea, ¡que lo revisen ya! Mandemos a los mejores filólogos y filólogas del país para que trabajen en ello día y noche y nos entreguen un lenguaje nuevo y a medida del feminismo. Pero lo cierto es que, más que el lenguaje en sí, machista es el uso que hacemos de él. Por eso mi propuesta es que empecemos a darle la

vuelta, y si te sucede algo positivo digas «Me encanta, es te-
tudo».

Ah, y si me llamas «perra» que sea porque estás cantando
a Rigoberta Bandini.

2
NI MANDES
FOTOPOLLAS

Te cuento esto porque creo firmemente en el refrán «Más vale prevenir que curar». Alguna vez estuve hablando con un chico pensando que la cosa iba muy bien. Comentamos aficiones, posibles planes a la hora de quedar, sabores de croquetas preferidos... Una conversación normal, vamos. De hecho, me hacía tanta ilusión estar mensajeándome con alguien que me gustaba que aprovechaba cualquier momento para contestar, hasta en el trabajo. Y en una de esas ocasiones en que recibí la notificación y corrí a desbloquear la pantalla —a ver qué había contestado a mi genial ocurrencia de coger las barcas del Retiro y remar entre esas carpas dignas de *Jurassic Park*—, se me metió su cipote en el ojo. No literalmente, por suerte —tiene que doler un montón, y no tengo claro si habría bastante colirio en la farmacia para aliviar el dolor ni terapia para solucionar el trauma de recibir un pollazo sorpresa—; lo que me había llegado era una foto en alta definición de su pene en primer plano.

Dos pensamientos cruzaron por mi cabeza en ese momento: dónde podía comprar la pistola de *Men in Black* para «desver» esa imagen y borrarla de mis recuerdos y «Por Dios, ojalá no me haya visto nadie». Porque, repito, de manera di-

simulada me había metido en el chat desde la oficina. Si encima estás en un despacho de mesas compartidas y abres el
WhatsApp de escritorio, tu compañera puede llegar a decirte
que qué pulgar tan raro. Chsss, no la saques de su error. Tú ya
estás perdida, pero puedes evitarle el sufrimiento a ella. Lo
que me había llegado era una fotopolla. Pero no sería la última.

La fotopolla nos deja en *stand by* porque no sabemos
cómo reaccionar. El mundo se congela, pero la pelota está en
nuestro tejado. No queda claro el protocolo, porque en el
colegio, cuando nos explicaron el proceso comunicativo y
todo aquello de emisor, receptor y mensaje, no nos enseñaron
qué hacer si recibíamos una foto sexual. ¿Mandamos otro
pene de vuelta, en plan a ver quién la tiene más fotogénica?
¿Le enviamos otra parte del cuerpo, como una rodilla? ¿Espera que le mandemos nuestros genitales así, de repente? ¿Le
contestamos con emojis graciosetes o nos hacemos las divertidas con un «Me veías cara de frutera y por eso me has mandado el plátano, XD?». Por experiencia sé que cualquiera de
estas opciones le sentará mejor que si le decimos que esa foto
nos sobra. Porque curiosamente, cuando hacemos saber que
no nos hemos muerto de la ilusión, recibimos una respuesta
ofendida por su parte.

Le hemos tocado la fibra al no caer rendidas ante sus atri-
butos —amigo, si quieres que caiga rendida con una foto,
más vale que sea una captura de pantalla de unos billetes de
ida a la playa—. Y eso con un poco de suerte, que la mayoría
nos dejan de hablar. ¿No solo me mandas esta imagen que se me
ha quedado grabada a fuego en el cerebro sino que encima
me haces *ghosting*? Si esa es su reacción, no hay mayor *red
flag*. Es el momento de bloquearlo, no vaya a ser que en unos

meses se nos olvide y cuando nos escriba —porque volverá— le demos bola.

Si no entiendes nada, aprovechando que podemos hablar antes de conocernos, ha llegado el momento de que te diga por qué no nos gustan ese tipo de fotos. No, no es que no nos gusten las pollas. Las pollas están bien, vaya. O sea, molan. Son suaves, se expanden y se encogen, la cabecita es agradable a la lengua, y los huevos... Los huevos nos gustan también porque... Bueno, ahora mismo no se me ocurre nada de los huevos, pero que las pollas están bien. Y nos encantan en directo. Pero una cosa es que en un contexto íntimo te bajes los pantalones y me regales la imagen y otra que decidas que la mejor forma de continuar la conversación es sacándote una selfi de la entrepierna. ¿En qué momento pasa por la cabeza de alguien «Voy a mandarle mis genitales, eso la impresionará»? Porque impresionar impresiona, te lo aseguro. Pero no tengo claro que sea como tú quieres. Quizá es porque desde pequeñitos os dicen que el pene es una especie de instrumento mágico, una llave que, en la cerradura adecuada, abre la puerta al placer, y con eso pensáis que vais a generar más interés.

Pero ya sabemos que tenéis pene, no hace falta que nos mandéis una foto. Además, ¿qué reacción se supone que se espera al recibir ese tipo de foto? ¿Que empecemos a babear como cuando vemos un anuncio de pizza? Si quieres seducirme a distancia, no me mandes una *dickpic*, mándame un bizum de 1,50 con el asunto «Hoy te invito al café». Hay formas de conquistar sin que tengas que bajarte los pantalones, de verdad.

Si piensas que esto es raro, los estudios que han hecho

sobre estas fotos Pew Research y YouGov en 2017 y 2022 revelaron que más de la mitad de las mujeres de entre dieciocho y veinticuatro años habían recibido estas fotos sin pedirlas. Además, la cifra había crecido en esos cinco años de diferencia. Ha llegado el momento de poner el foco donde se debe, y, en serio, no es tu pene. Ojo, quiero dejar claro que si quieres mandarme una foto de tu paquete porque estamos haciendo *sexting*, será más que bienvenida. Pero solo en ese contexto, que es algo que hemos hablado y consensuado. Esa foto la quiero recibir.

Pero piensa que no todas nos sentimos superexcitadas con una fotopolla. Para ir tanteando el terreno y calentando motores, empieza por una foto en la que salga la mano dentro de tu bragueta desabrochada u otra donde estés en calzoncillos y te la sujetes marcando su perfil de manera más ingeniosa. Sí, se puede excitar con el misterio. De hecho, es más interesante porque nos invita a montarnos la película al ver la foto. Y aunque sepamos lo que hay debajo, nos genera una expectación maravillosa.

Lo que sí te pido es que no lo uses como moneda de cambio, en plan «Si yo te he mandado esto, tienes que enviarme algo». No funciona así, a eso se le llama «manipulación», y es el momento de que nos adentremos en ese capítulo…

3
¿ESTÁS MANIPULANDO
A TUS NOVIAS?

Está claro. La sociedad no te lo ha puesto nada fácil a la hora de abrirte y comunicar lo que sientes, pero por eso estás aquí. Por contra, te ha enseñado que hay una especialidad que se te va a dar superbién: controlar. Como hombre de la relación, el líder, el que ostenta el rol del que «manda» mientras ella se «somete», ejercer ese poder es tu mejor manera de sentir que estás cumpliendo con tu tarea de novio. Pero es al revés.

Vamos con un test rápido de manipulación: ¿tu novia ha cambiado recientemente algo de su forma de ser/comportarse/aspecto porque a ti no te parecía bien y le has dicho que, de no hacerlo, iba a suponer un problema en vuestra relación porque te pillas cabreos bastante serios? Si la respuesta es sí, la estás manipulando.

Quiero romper una lanza por este tema porque, de una manera u otra, todos manipulamos para conseguir lo que queremos. El lenguaje es la herramienta para lograrlo. Y al igual que vas a pedirle algo a tu madre llamándola «mami», por ejemplo si te deja coger el coche o volver más tarde, también puedes querer salirte con la tuya en la relación de pareja. Se convierte en algo problemático cuando siempre predomina tu criterio y usas esa manipulación para tapar una serie de inseguridades que puedes tener respecto a ti. Por ejemplo, como siento que no soy suficiente para mi pareja y me da miedo que pueda conocer a alguien más interesante, la convenzo de que no haga planes y de que se quede conmigo en casa. Y claro, como según la sociedad las mujeres necesitamos a alguien que nos proteja, cuando damos con la persona que nos vende que se encarga de mantenernos alejadas del peligro (cuando es probable que el peligro sea él), compramos el discurso sin dudar ni un segundo.

Las estrategias para salirte con la tuya van desde enfadarte —nos hace sentir pequeñas por la culpabilidad de verte así— pasando por la responsabilización del «Tienes la culpa de que me ponga así» o el chantaje emocional, hasta pedirme una respuesta inmediata y que no tenga tiempo de pensar…

Además, los mitos del amor romántico son tus mayores aliados. Sabes que hay que luchar por amor, que todo sacrificio merece la pena y un larguísimo etcétera. Si te pones a contarme la historia de que esto lo haces por amor, puedes liarme. Casi siempre. Porque cuando se trata del tema de la ropa, ya no es un «Ay, perdona que te haya contestado más brusco de lo normal, es que estoy cansado». No, el que se siente amenazado porque su novia lleva minifalda suele tirar por el discurso de la protección: «¿De verdad vas a vestirte así? No, no, cariño, te queda genial, pero conozco a los tíos y, bueno, si vas tan provocativa pueden pensarse lo que no es. Te lo digo porque me preocupo por ti y no quiero que te pase nada malo». Y *boom*, de repente la minifalda se convierte en unos vaqueros largos… Eso sí que es magia y no el cambio de look del hada madrina de Cenicienta.

Y aunque cada vez somos más conscientes de este tipo de

comportamientos —porque se les ha empezado a dar visibilidad, porque seguimos en las redes a todas las psicólogas del país
o porque ya hemos pasado por una relación de ese estilo—,
eres tú el que debe entender que, como dicen los jedis, «El
camino del control es oscuro y la fuerza te dará poder, pero
no una relación sana». Juraría que era en el episodio IV, en
serio, el de *Una nueva esperanza* (para tu relación de pareja).

Pero tengo que decirte algo: tu novia, rollete, *crush*, llá-
mala X, es libre de ponerse lo que quiera. Y si te molesta,
debería saltarte la alarma, pero no por ella, sino por ti, para
que averigües por qué tienes un problema con lo que lleva.
Quizá es el momento de que revises si te sientes inseguro de
que se fijen en ella. Lo importante aquí es que sí, puedes dejar
de comportarte de esta manera. Empieza por reconocer si
estás teniendo estas conductas, si haces que se sienta culpable
para lograr lo que tú quieras, si estás tergiversando (o min-
tiendo con descaro), si te niegas a hacer algo hasta que te sales
con la tuya, si siempre la culpas de lo que hace o si eres un
poco impreciso en vez de comunicarte con claridad.

Y es que este es uno de los aspectos que más me intrigan
sobre la manipulación: nosotras nos llevamos la fama de que
somos expertas en el arte de enredar. Lo de que las mujeres
han estado utilizando diferentes artimañas para lograr sus
objetivos es una historia tan vieja como el sol. Sin embargo,
las cifras demuestran que es otro de los engaños del patriarcado que nos hemos creído, el de que ellos no iban a poder
manipularnos porque no son lo bastante inteligentes para
reconocer las veinticuatro sombras de azul que nosotras sabemos mencionar. Pero no, los hombres y las mujeres estamos en igualdad de condiciones intelectuales. Es más, fíjate si

podéis ser maestros en esta disciplina que, si vamos al INE, las mujeres caemos como moscas. En el Registro Central para la Protección de las Víctimas de la Violencia Doméstica y de Género se inscribieron 36.745 mujeres respecto a 3.012 hombres. Es decir, las mujeres corremos el riesgo de padecer violencia hasta doce veces más, y la manipulación es un factor fundamental.

Aunque se está empezando a visibilizar que la historia se da a la inversa, no se muestra de la mejor manera. La serie *You* cuenta la historia de un librero obsesionado con una clienta hasta el punto de que la sigue (alerta, spoiler), se convierte en su pareja gracias a mentiras, la espía, la vigila, la manipula y al final la mata.

Cambiarlo pasa por parar en el momento en que identificas que haces algo de eso. Escuchar a la otra persona y llegar a un punto en el que los dos estéis contentos, pero sobre todo asumir que no todo será como te gustaría. Y está bien, tolerar la frustración también forma parte de la vida. Eres el único responsable de tus necesidades, sentimientos y acciones. Deja de decir que lo es el resto del mundo. Ve a terapia si no sabes cómo hacerlo. ¡Y encima en Google encuentras la serie descrita como «Una historia de amor»! Manda narices… ¿Cómo va a ser una historia de amor si se carga a un total de tres de sus tres novias? Contenta me tienen…

Una relación sana, sin manipulaciones, pasa por decir qué quieres o necesitas, pero también por aceptar una respuesta negativa de la otra parte sin que te sientas mal, respetar los límites, dejar que el otro tenga su espacio y acatar las decisiones de la otra persona. Si tu ex te ha dicho que no quiere que la llames más, deja de hacerlo. Por mucho que la eches de menos. No lo estás haciendo bien. Permite que la gente sea como es. Y si ves que llevo unas pintas que parezco la loca de los gatos de *Los Simpson*, déjame vivir y consígueme gatos.

Sé amable con tu pareja, tatúate —mentalmente— el concepto de «reciprocidad», que no sea todo para ti, y date. Sí, incluso sin esperar nada a cambio. La empatía, ponerte en la piel de los demás, es clave en toda relación sana, pero de amistad, sentimental, familiar, la que sea. Además, se basa en una verdad universal: el mundo no gira alrededor de tu ombligo. La última vez que lo comprobé seguíamos girando alrededor del sol a 29,8 kilómetros por segundo, como para decir lo de «Que paren el mundo, que me bajo». Bájate tú a esa velocidad y me cuentas qué tal. Manipular afecta a la vida de tu pareja, pero también a la tuya. Todo lo que sea jugar con la mente de la otra persona para ir donde tú quieres solo construirá una relación asimétrica. Y te puedo asegurar que vivirás más feliz, de manera más honesta y sana, relacionándote con las personas de tu entorno si les das la importancia que tienen y no como si fueran súbditos o piezas de un puzle del que tú decides la imagen final. ¿Me ha quedado el final del capítulo al más puro estilo Abuela Sauce de *Pocahontas* haciendo de oráculo? Puede ser…

4
ES MALTRATO PSICOLÓGICO, NO ES QUE YO ESTÉ «LOCA»

Otro (más que buen) motivo para alejarte de la manipulación es que suele estar muy relacionada con el maltrato psicológico. Es como las Pringles, empiezas y «Cuando haces pop, ya no hay stop». Me vas a permitir que, entrando en esta parte del libro, me ponga un poquito seria. Hombre, ¿qué esperabas? ¿Que hiciera chistes y bromitas hablando de un tema tan grave como este? Pues no, soy una profesional.

Bueno, para hablar del maltrato psicológico tengo que ir por partes, como diría Jack el Destripador (mierda, ya he incumplido lo del veto a los chistes). Pero lo cierto es que no es algo concreto, sino varios comportamientos dentro de la relación, aquello a lo que llamamos de esa manera (y que ahora se han popularizado con la expresión «amor tóxico»), un poco para generalizar y ponernos las cosas fáciles a quienes hablamos de estos temas. Porque decir «relación desigual en la que uno de los miembros utiliza herramientas emocionales para machacar a la otra persona, minándole la autoestima hasta que queda reducida a la nada absoluta» era demasiado largo.

Y antes de que me vengas diciendo «Pero, Mara, ¿qué pasa con los hombres que sufren maltrato? ¿Qué pasa con ellos? ¿Es que nadie va a pensar en los hombres?». Claro que pienso en ellos, tengo un padre y un hermano, no soy hembrista (¿pillas la referencia? Es como cuando tu amigo te dice que no es racista porque tiene un amigo colombiano en su grupo de pádel). De hecho, si has sufrido maltrato psicológico por parte de una mujer —ojalá no—, también te sentirás identificado con la mayor parte del capítulo. Pero que se pueda dar también de las mujeres hacia los hombres no resta peso a las estadísticas. Las víctimas del maltrato suelen ser mujeres. Y por eso hay que desmigar por qué a nosotras nos toca sufrirlo y a vosotros infligirlo. ¡Que no digo que tú lo hagas! Dios mío, dame un poco de cancha, que si no, no hay manera de arrancar el capítulo…

El maltrato psicológico se sustenta en la base de que el hombre se encuentra en una posición de poder y somete a la mujer a ese poder. Y esto se sostiene gracias a la jerarquía social del patriarcado, que se empeña en ponernos en escalones diferentes.

Inciso rápido: el patriarcado es un sistema que conserva el dominio de las mujeres manteniéndolas subordinadas e invisibilizadas, así como todo lo femenino, respecto a los hombres y lo masculino. Es decir, crea una desigualdad estructural basada en el sexo biológico. Como diría Hermione Granger: «No es levioooosa, es patriarcaaado».

Este desnivel entre unos y otras comienza en la infancia, empezando por la enseñanza en nuestros primeros años de vida. Mientras que a vosotros se os educa para ser cuidados y pensar en vuestras necesidades (los protagonistas de la trama), nosotras recibimos el mensaje de que estamos para cuidaros. Nuestra educación se basa en estar disponibles física y emocionalmente para los demás. Somos el personaje secundario que encima se queja cuando encuentra a un chico sin empatía. Pero ¿cómo va a tenerla si nadie le ha enseñado a ponerse en la piel de cualquier persona que no sea él mismo?

A la educación de la infancia hay que añadir los agentes socializadores: figuras masculinas como los padres o abuelos, para empezar, pero también los amigos. Si a tu alrededor ves que todos los hombres tratan a sus parejas como sirvientas, ¿cómo va a salir de ti levantarte a recoger la mesa? La masculinidad hegemónica —la manera de comportarse de los hombres desde una posición dominante— anima a que hagas esto, y para ser validado como uno más, la presión por hacerlo está ahí. Por ejemplo, si le cuentas a tu colega que tu pareja quiere quedar con un amigo, enseguida te soltará: «Ese se la quiere follar, no deberías dejarla quedar con él, no seas un parguelas». Los hombres que te rodean quizá no sean el mejor de los ejemplos (ojalá que sí), pero no hay suficientes referentes igualitarios como para que tomes nota de cómo comportarte sin subordinar a las mujeres por el camino.

Y si no me crees ahí tienes el trato hacia nosotras en la pornografía, o sin llegar a ella aún —que parece el caldo que está en todas las sopas—, las series o películas *mainstream*. Tu querida *Friends*, mi querida *Sexo en Nueva York*, *Élite* o la mencionada *You* normalizan y, peor aún, romantizan el sexismo. En esas ficciones, la dominación, el control o la humillación se pintan como algo deseable. ¿Estamos locos? Es como si en *El niño con el pijama de rayas* se romantizara la vida en un campo de concentración. En cuanto a nosotras, las películas y las series nos refuerzan esa hiperempatía. Como *La Bella y la Bestia*. Ella termina enamorándose del mismo que la encierra en una torre, la mata de hambre y la obliga a quedarse en su castillo haciéndole chantaje emocional, porque si no, no liberará a su padre. ¿Cómo no vamos a aguantar que nos pida la contraseña del móvil si Disney nos juraba y perjuraba que poner una sonrisa cuando él gritara era el amor verdadero? *365 días* va un poco en la misma línea, solo que con más escenas eróticas.

Pero no necesito ir al extremo del secuestro para que me sirva como ejemplo de amor tóxico. Que te controlen por dónde andas o la ropa que llevas es algo que *Crepúsculo* y *Cincuenta sombras de Grey* han pintado como el culmen del amor. Pero ¿cómo nos hemos creído que el hecho de que se cuele en casa a vernos dormir es algo a lo que aspirar? Lo que tendría que haber hecho Bella Swan habría sido ponerle una orden de alejamiento para que ahora no nos cueste tanto ir a denunciar un acoso de ese estilo. Ejercer ese control en una relación va desde elegir la ropa, la vida social, las decisiones, etc. Lo que nos cuesta entender es que es una forma de agresión, porque pensamos que solo es maltrato si se relaciona con la violencia física.

Lo cierto es que todo lo que implique que una de las dos partes se aproveche de su situación para dañar a la otra de la manera que sea —es decir, cuando desaparece la simetría de una relación— es maltrato. Otra de las señales de alarma es cuando la reciprocidad brilla por su ausencia (esa de «Hoy comemos con tus padres, la semana que viene con los míos»). Como mencionaba en el capítulo anterior, siempre es él el que se antepone, sin entrar en negociaciones ni en respetar cualquier voluntad que no sea la suya porque lo que importa es su felicidad. Claro que eso no nos lo suelen decir. Si nada más conocernos me dices «Oye, me caes genial y me atraes un montón, ¿te apetece empezar una relación en la que yo lleve las riendas, tenga la razón en absolutamente todo y pueda manejarte a mi antojo?», no me liarás. Pero si empiezas despojándome poco a poco de lo que me hace ser yo, lograrás tu objetivo.

Si decimos que del maltrato solo se ve la punta del iceberg —el clásico ojo morado de los anuncios de la década del 2000— es porque todo lo demás pertenece a una esfera íntima y lo hemos normalizado como el lado «menos» brillante de la relación, así que no nos damos cuenta de que estamos entrando voluntariamente en la madriguera de la araña. Y cuando estás envuelta en las telarañas como Frodo al estilo Virgen de la Macarena, inmovilizada y a su total disposición, ves (con un poco de suerte) que el peligro era él.

Porque esa es otra. Desde el primer momento esto se maquilla para que nos lo traguemos doblado. La primera manzana envenenada es la de la protección. El «Cariño, vengo a buscarte a la puerta de la universidad porque me importas, porque no quiero que te pase nada, que hay mucho loco suelto». Claro que si me esperas hasta en la puerta del baño, empezaré a mosquearme. Encima, si en algún momento me doy cuenta de que no necesito esa protección («Pero, chato, ¿has visto qué bíceps gasto?»), el siguiente nivel es el de los celos. Los celos son la excusa perfecta para hacernos sentir mal y controlarnos con el tema del sacrificio por amor. «No hagas eso ni vayas a ese sitio porque lo paso mal. Me haces daño». Cuando queremos darnos cuenta, ya ni salimos con las amigas, de nuestros amigos hombres no sabemos ni por las redes sociales (nos ha hecho borrarlos a todos) y nuestra vida social se limita a estar con él. Teníamos hobbies, clases de apoyo, amistades... y ahora vivimos por y para la relación. Además, cuanto más encerradas, más posesivo se vuelve él. No podemos ni tirarnos un pedo sin que él lo tenga controlado.

En este cóctel en que no faltan superioridad, posesividad y manipulación, entran en escena otras invitadas a la fiesta de la toxicidad. Por lo pronto, la culpabilidad —ya que él nunca se hace responsable de sus acciones—, pero también amenazas, que nos haga sentir que valemos menos que la primera rebanada del pan de molde, un trato vejatorio con descalificaciones, humillaciones, indiferencia con una ley de hielo de negarnos la palabra... Y, por supuesto, maltrato físico. ¡Que entre el protagonista del siguiente capítulo!

5
EL MAL QUERER (Y NO HABLO DEL ÁLBUM DE ROSALÍA)

Guau… El maltrato físico. De esto puedo hablar con conocimiento de causa. De hecho, una de las primeras cosas que te contaría al empezar a conocernos es que estuve en una relación de maltrato de todos los tipos y colores. El maltrato y yo somos viejos amigos. De mi ex no, claro. Y te preguntarás: «¿Necesito saber esto?». Pues sí, es una parte de mí. Al igual que en algún momento te contaré la historia de las dos cicatrices que tengo en la pierna (no te creas la historia de que me mordieron pumas. ¿Dónde me iba a morder un puma? Ni que fuera Frank de la Jungla), no veo sentido a ocultarte mis cicatrices internas. Son mis batallas, y vienen conmigo no porque me arrastren, sino porque he salido de ellas viva, con marcas, pero viva.

Lo más fuerte es que hace poco me sentía una entre un millón, como si me hubiera abducido un ovni y fuera la única a la que le hubiera pasado eso y nadie pudiera entenderme al hablar del maltrato. Cuanto más tiempo pasa y más hablo con otras mujeres, más descubro que las abducciones son mucho más frecuentes de lo que me gustaría. Pero ¿cómo no van a serlo? ¡Si la violencia se normaliza! Estamos acostumbrados a ver más sangre que abrazos en la ficción. Especialmente, cuando la ejercen los hombres. Se establece como una forma de resolver conflictos y mantener privilegios, y apenas tiene repercusiones. ¿Cuántas veces has visto a tu padre a punto de coger el gato del coche para pegarle en el capó al coche de otro conductor, o a tus amigos encararse con otros chicos en la discoteca? «O pillamos o nos pegamos» era el lema del grupito con el que salía en la universidad. Sexo o pelea. Mojar o zurrar. Orgasmo o puñetazo.

En una relación de pareja, la violencia no llega de la noche a la mañana. No estoy tan feliz en el salón viendo por décima vez *High School Musical* y él me pega en el brazo. «¿T de Troy?», preguntaría, como Gabriela. «No, T de Tortazo», respondería él. Solo que ni es Zac Efron ni el primer golpe me va a llegar así. Más que nada porque, si se diera de esa manera, cogería mis cosas y adiós muy buenas. Lo habitual es que la violencia llegue sutil. Discreta. Disfrazada, como por ejemplo que se saque un chicle de la boca y me lo pegue en la frente como castigo. Y que no se me ocurra quitármelo. O en contra de él antes que de mí. Otro ejemplo: le altera mucho algo y empieza a darse golpes. «¿Ves lo que me haces hacer?», me dirá con un chichón o la mandíbula algo hinchada. Y claro, no quiero que vuelva a pasar, así que evitaré cualquier posible detonante que provoque que se ponga de ese modo. Pero no, él no necesita motivos ajenos para reaccionar de manera violenta porque, si no los tiene, se los va a inventar. Hasta el punto de que me empujará o me cogerá del cuello y, cuando quiera darme cuenta, estaré tirada en el descansillo de las escaleras. Lo peor es que en esas situaciones él se vendrá arriba y me dirá que cómo va a haberme tirado si soy lo que más quiere del mundo. Que me lo he imaginado.

Y yo, entre confusa, agobiada, rayada, asustada y preocupada, después de un tiempo a su lado sintiendo que no valgo nada y que soy tan poquita cosa como una servilleta de bar arrugada, me lo creo (o prefiero creer que él no es capaz de eso) y mando la intuición de vacaciones. «Qué va, que estamos superbién, seguro que me lo he imaginado», le digo a mi amigo el instinto, que ha encendido la bocina de alarma nuclear. Pero no, mi instinto está más afinado que el arco de Cupido.

Lo peor es que esos vínculos terminan enganchando más que *La isla de las tentaciones*. Cuando digo «Lo dejo ya, estoy harta, ha sido la última vez», viene con un ramo de flores/entradas para el parque de atracciones/billetes de avión a Roma (o billetes de tren a Zaragoza para los pobres) y me jura que ha sido un pronto. Se ha dado cuenta de que está fatal, y promete que va a cambiar. Esas palabras son como cuando abrimos la caja de las medicinas por el lado apropiado y no por el del prospecto. No necesito más, es una felicidad sencilla. Así que me lo creo. Todos somos humanos y podemos equivocarnos. Además, volviendo a la princesa Disney de antes, mira qué bien le fue a Bella cuando le dio una oportunidad a Bestia. Terminó viviendo en un castillo, la tía. Y yo quiero el castillo, claro. O al menos al príncipe que sé que hay detrás del lado oscuro que he visto de mi pareja.

Y justo cuando todo parece ir bien, algo vuelve a estallar —por la más mínima tontería— y se vuelve a liar parda. Me coge otra vez de cualquier zona del cuerpo y me asusto. Entro en la noria del maltrato. Ahora arriba, en las nubes, jurándonos amor eterno; ahora abajo, mirándole desde el suelo porque me ha tirado de nuevo. Esa falta de estabilidad, la mezcla de adrenalina, felicidad, tristeza, felicidad otra vez, lágrimas y risas, me deja un poco tocada. No me he dado cuenta y ya soy una total y absoluta dependiente emocional de la persona que está acabando conmigo. Soy la cucaracha que se ha enamorado del Cucal. Vale, no es la metáfora más bonita del mundo, pero es que un ex tóxico es lo más venenoso del mundo.

En la miseria más miserable, me siento más sola que el último pez remo chino, que se extinguió en 2020. Sola porque él se ha encargado de aislarme de mi red de apoyo, de mi familia y de mis amigas. Sola porque nadie entiende que siga con él cuando empiezan a olerse el pescado (y no es el que se ha extinguido) y me parece que están en contra de nuestro amor. Y sola porque, si no le tengo a él, creo que no me queda nadie. Lo que más experimento durante el amor tóxico no es amor, es soledad, confusión, culpabilidad y duda. Porque como ha tirado por tierra tantas veces mis opiniones o argumentos, no creo ni en mis capacidades.

¿Que cómo saber si estamos en una relación de maltrato? Por la ansiedad, los problemas a la hora de dormir, los nervios, la tristeza o la apatía. Porque estamos sufriendo. Y si un día conseguimos salir, empieza la fase dos de la relación de maltrato, que suele ser la de las amenazas de que se va a hacer algo. Un clásico es apelar a nuestra culpabilidad con que le puede pasar algo. Antes pensaba que si mi ex se hubiera suicidado nunca me habría quitado ese peso de los hombros. Cuando años más tarde otras mujeres contactaron conmigo para contarme que él seguía haciendo lo mismo con ellas, me di cuenta de la gran oportunidad que perdí cuando no desapareció del mapa. Guau, le he deseado la muerte, me he pasado. Ya no soy buena persona. Bueno, quizá no lo verías así si te hubiera amenazado con un cuchillo.

A donde quiero llegar es que nada justifica la violencia. Nada. Cuando somos nosotras las que la ponemos sobre la mesa recibimos el mensaje de que o mentimos para arruinarle la vida o exageramos. Con la de mujeres que hemos pasado por ello, nadie ha conocido nunca a un hombre que la ejerza. Es muy curioso. Además, no falta la pregunta de «Y si eso estaba sucediendo, ¿por qué no rompiste con él? ¿Por qué no lo has contado antes?». Ahora todo el mundo es terapeuta, hay que joderse. ¿Te digo yo a ti cuando tienes que ir al médico porque ya toca que te vean ese lunar que lleva meses creciendo? Pues esto es igual. Cada persona tiene un proceso, y quizá las hay capaces de hablarlo desde el primer momento y otras necesitamos meses o años para verbalizarlo. Piensa que, de media, las mujeres tardamos ocho años en pedir ayuda. ¡Ocho años! Han pasado dos mundiales o dos Juegos Olímpicos, para que nos entendamos.

En un mundo ideal, al menos en la pareja que espero que formemos, la única manera que concibo de relacionarnos es dándonos un buen trato, una historia de amor igualitaria basada en el respeto, porque jamás se daña a quien se quiere. Y si te digo que me has hecho daño con tu comentario o acto, debes hacer autocrítica en vez de ponerte a la defensiva. El maltrato no es un problema que debamos resolver nosotras, lo tenéis que solucionar los hombres con mucha educación, con referentes que vean a sus parejas como iguales y dejando de imitar los productos populares que animan a hacer lo contrario. Sí, Netflix, esto va por ti.

6
LOS MEDIOS, LA TELE
Y EL NEGOCIO DEL DRAMA

Un día puse Netflix y repasé las diez recomendaciones más vistas de España. En casi la mitad había violaciones a mujeres. *El caso Alcàsser*, *¿Dónde está Marta?* o *Chicas perdidas* tenían en común, además de formar parte de las recomendaciones populares, que están basadas en hechos reales. Mientras estás en el sofá de casa eliges para esa noche la docuserie que narra con todo lujo de escabrosos detalles los últimos días de unas mujeres de verdad. De esas que desayunaban un ColaCao o se cepillaban los dientes, como tu madre o tu hermana. Y además sus historias se mezclan con otras películas o series en las que también aparecen violaciones, como *Blondie*, *True Detective* o *El guardián invisible*. ¿En qué momento el sufrimiento y la muerte se han convertido en entretenimiento? ¿Cómo permitimos que la violencia machista sea algo morboso que encima consumimos, como cuando nos vemos las temporadas de *The Walking Dead*? Esas muertes han pasado, no estamos ante actrices ni actores...

Fíjate si me da repelús que he decidido no ver ni una sola película ni serie donde haya agresiones sexuales. Sí, ya sé lo que me vas a decir, que no me quedan muchas opciones. Pero esas las veo con la tranquilidad de que no apoyo que sigan filmando más historias en esa línea. Y no me digas que han servido para abrir los ojos a mucha gente porque he leído las críticas y lo que se comenta de ellas es su «buen ritmo» o lo cuidada que está la fotografía.

¿Sabes cuál es el verdadero problema? Que en cuanto metes producciones basadas en hechos reales donde abunda la ficción, tiendes no solo a normalizarlo, sino a confundir una cosa con otra mirándolo como cuando ves la nueva de *Deadpool*, y a distanciarte emocionalmente de lo que aparece en la pantalla. No seré yo quien te diga que vayamos a los estudios de cine a liarla pardísima y a protestar (porque es probable que no nos enteremos de la vaina hasta que esté colgada en la plataforma de *streaming*). Pero podemos decidir que, mientras se siga haciendo espectáculo de la desgracia, nuestra forma de quejarnos será no verlo y hacer un hilo en Twitter, las hojas de reclamaciones modernas.

Resulta difícil dar a las agresiones la gravedad que tienen cuando en el cine son tan habituales como comer paella los domingos. Igual que cuando leemos sobre ellas en los medios. Y mira que soy periodista y estoy entrando en terreno pantanoso. No quería tirar piedras contra mi tejado, pero me toca hacer un poco de autocrítica, porque leo cada cosa que me quedo como un Sim al que le quitas la escalera de la piscina, atascada. Los titulares que hablan de asesinatos justificados como crímenes pasionales son infinitos. «Pilló a su mujer con su amante», «Cometió el homicidio por despecho». Matar por amor parece lo más normal del mundo. Como quien mata al mosquito que le zumba en la oreja. Claro, ¿qué vas a hacer, si no, si te enteras de que tu mujer te es infiel/no quiere estar contigo? ¿Dejar que se vaya a vivir la vida sin ti? ¿Empezar de cero? ¿Ir a terapia? ¿Buscar apoyo en tu familia y amigos? No, hombre, no, para qué optar por cualquiera de esas opciones si sientes que tú decides por ella, porque, como mujer, es de tu propiedad. Fíjate que hasta te ves dueño de su vida y te da por ponerle fin. Esta es la mentalidad que consiguen inculcar los artículos que justifican el asesinato cuando hay sentimientos de por medio. Ah, este es el momento perfecto para mencionar que entre 2003 y 2013, el 53 por ciento de las mujeres asesinadas en España lo fueron a manos de su pareja o expareja hombre. Para que te hagas una idea de la dimensión del problema.

Además, los hombres contáis con la ventaja de que en los medios nunca se usan titulares directos del estilo «Un hombre asesina». No, más bien suelen ser «Una mujer muere/aparece muerta». Como cuando dejas migas en la mesa y aparecen hormigas al día siguiente. Ya paro con las metáforas de insectos. Son titulares más dignos de una película de misterio o el comienzo de un thriller que de un artículo periodístico. Mmm... ¿quién habrá sido? En el artículo aparece que ha confesado el marido y están todas las pruebas que le involucran, pero mejor jugamos a Detective Pikachu con un titular misterioso. Me llama la atención el uso del lenguaje cuando ves que, en vez de «violaba», aparece «drogaba para mantener relaciones sexuales» o «La menor aceptó tener sexo para no ser violada». Pero a ver, que me entere yo, si tenemos sexo coaccionadas, ¿no es violación? Bueno, es que lees un periódico y el sexo es un chollo, las violaciones no existen, son el Ratoncito Pérez.

Como periodista, soy más que consciente de que es algo que deberíamos cambiar. Y si lo leemos, quejarnos a ese medio, que la mayoría de los artículos son digitales y se pueden editar *a posteriori*. Y ya no hablo de cuando nos borran del mapa como «mujer de» o se limitan a hablar de nosotras por nuestro aspecto. Eso también es machismo. Da igual que se refieran a la carrera de una piloto de Fórmula 1; es más que probable que la foto que elijan para acompañar la noticia sea una en biquini. A ver, no voy a decir que la cosa en el sector esté para tirar cohetes; no es así. Aún necesitamos más mujeres en los medios (y eso que en mi promoción la mayoría lo éramos). En intervenciones televisivas, las expertas aparecemos menos que los expertos (18 por ciento en temas de política y 17 por ciento en economía). Y bueno, no hablo ya del fútbol porque creo que solo tienes que poner cualquier canal de deportes para ver los requisitos físicos necesarios para contar con una periodista femenina. Requisitos que a ellos no se les exigen, dicho sea de paso.

La credibilidad es otra asignatura pendiente de los medios, porque a las mujeres aún no se nos cree cuando nos sucede algo (algo = agresión sexual) y lo contamos (contamos = denunciamos y termina en juicio). Enseguida aparecen noticias de que hemos retomado nuestra vida y salimos de fiesta, corren por ahí fotos en las que aparecemos con tal o cual ropa o dicen que hemos ido voluntariamente a casa del agresor. Lo que se juzga es la actitud de la víctima para desprestigiarla. Casi parece que, tras una violación, tenemos que meternos en una cueva y salir diez minutitos a por nuestra dosis de vitamina D. Este fenómeno de la buena víctima es también una respuesta machista, ya que engloba ciertos comportamientos que se esperan de la superviviente a una violación. Porque si no los cumplimos, enseguida dicen que nos lo hemos inventado, o peor aún, que nos lo hemos buscado. Lo de «buscárselo» me recuerda a cuando leo noticias de mujeres asesinadas donde aparece eso de que «Ella no había denunciado». Porque todo el mundo sabe que las denuncias son muy efectivas. En un segundo crean un traje de Iron Woman alrededor del cuerpo y evitan que nos pase nada.

El resumen es que habría que preguntarse para quién construimos el relato. Después de leer tanto, tengo la sensación de que es para que los hombres heteros viváis la violencia machista como algo de lo que no preocuparos, una exageración nuestra, para seguir fomentando la idea de que son casos excepcionales y seguir negando una violencia sistémica. El mejor ejemplo que encontramos en los medios es que a menudo se llama «monstruos» a los agresores: «El monstruo de no sé dónde», «Biografía de un monstruo»… Así creamos un enemigo fantástico que se aleja de los hombres que conocemos. Es la manera de hacernos creer que eso no puede hacerlo un hombre normal, solo un ser con una anormalidad de apariencia terrorífica. Pero la violencia machista puede ejercerla cualquier hombre. Hasta los que menos pinta tienen de hacerlo.

No le daría tanta importancia si las noticias no fueran el canal que usamos los periodistas para informar a la sociedad, ofreciendo unos datos que nos ayudan a reflexionar, pensar y comportarnos con otros, porque nos influyen. Por eso deberíamos dar información rigurosa e imparcial que sensibilice sin convertir el hecho en un espectáculo, dejando a un lado los detalles escabrosos. Empieza por llamar a las cosas por su nombre: una violación es una violación, y quien asesina es un asesino. Y por no buscar razones que justifiquen la violencia (retrocede un capítulo, si quieres repasarlo) como los celos o una ruptura. No debemos convertir al maltratador o asesino en una buena persona con la clásica señora que dice en una entrevista que es raro que su vecino haya hecho algo tan terrible, si siempre saludaba y hasta la ayudaba a cargar la compra.

Y sobre todo tenemos que concienciar a quienes nos leen de que no son casos puntuales. Una sociedad más igualitaria solo se consigue si nos posicionamos al lado de la víctima y creemos su palabra. Necesitamos hablar de esto —y hablar bien—, dar voz a quienes quieran arrojar luz sobre el asunto y compartir sus experiencias, de manera que puedan prevenir a los que quizá se encuentren en situaciones parecidas. El documental de Rocío Carrasco es un ejemplo de cómo ver a una mujer que cuenta su experiencia en televisión ayuda a otras a seguir sus pasos: las llamadas al 016 aumentaron tras la emisión de su programa (subieron un 42 por ciento una semana después del primer episodio).

Por supuesto, que sea parte del discurso social no puede ir solo. Las medidas al respecto tienen que acompañar al primer paso: ponerlo sobre la mesa, identificarlo y señalarlo. Pero mientras reivindicamos que necesitamos cambios —una educación feminista, desterrar el machismo de la sociedad, un nuevo enfoque para las generaciones que vienen...—, podemos hablar de ello, porque de no hacerlo es como si no existiera.

Ahí es donde entran, por ejemplo, las campañas de concienciación, que suelen provocar bastante alboroto —y no por lo que a mí me gustaría— con sus mensajes del estilo «Mujer, vuela libre de la violencia» o «¿En qué se parecen las baldosas a las mujeres? En que las dos se pisan». Sí, estas campañas contra la violencia de género son cien por cien reales. Me imagino una sala llena de señores en la que uno dice: «Eh, chavales, ideaza: la foto de una chica con ropa de deporte y el mensaje "Te vistes con mallas. Sales a correr por la noche. ¿Qué sucede ahora? No debería pasar, pero pasa"». Esta que menciono es la de la Xunta de Galicia de 2022, por si tenías dudas.

Lo que está mal en estas campañas es que el foco se pone en la víctima. Es como si yo cojo y pongo en marcha una campaña antirracista y pido a personas de cualquier etnia que no sea caucásica que camuflen el color de su piel porque «No debería pasar, pero pasa». Se da por hecha una violencia que se presenta como inevitable, y además la mujer es la culpable de ser agredida por ser sexualizada. En cambio, de los agresores no se comenta nada, como si la cosa no fuera con ellos. No quieren bolsa, solo están mirando. Este planteamiento de normalizar las agresiones, señalar a la víctima y eximir al violador es perfecto para fomentar la cultura de la violación. Es decir, el problema social no solo es aceptado, sino que se normaliza con este pensamiento tan misógino que pone en tela de juicio el comportamiento de las mujeres (ropa, maquillaje, por qué sitios van…).

Pero ¿qué pasa con las otras violaciones, las que son a plena luz del día? ¿O en las que la víctima no lleva ropa de deporte? ¿Y las que se producen rodeadas de gente, como las que se dieron en el festival de Woodstock en 1999? En 2017, en la Universidad de Kansas hicieron una exposición en la que se exponía la ropa que llevaban unas mujeres cuando fueron agredidas sexualmente: pijamas, vestidos, uniforme de policía, polo de manga corta, camiseta XL y pantalones de chándal anchos…

¿No será que el problema de las violaciones está en los violadores y habría que centrar los esfuerzos en ellos? No sé, pregunto…

Cuarta Parte

EL
SEXO

Bueno, que te hable de emociones, pase. Que te hable de ser una mujer independiente, de acuerdo. Que te saque el tema de la violencia de género, comprensible. Pero ¿que te hable de sexo? Pero ¿quién me creo? ¡Si eres un experto! Bueno, pues cambio de planes, no voy a hablarte del sexo que ya conoces. Voy al que no conoces, del que has oído hablar pero no llegas a identificar del todo. El que vivo yo, el que vivimos nosotras.

Porque tu vida sexual y la mía son diferentes, empezando porque si tenemos sexo, lo más probable es que sea yo la que esté tomando algún método anticonceptivo hormonal. La píldora va pisando los talones al preservativo porque te la recetan con la misma facilidad que el ibuprofeno. Al poco de tener tus primeras reglas, te la encasquetan. Que lo último que te va a apetecer es tener sexo no te lo cuentan. Todo con tal de que la puedas meter sin riesgo.

Y no es la única diferencia entre nosotros a nivel íntimo. Nuestras vivencias sexuales son distintas hasta el punto de que, según Amnistía Internacional, de cada cinco mujeres, una ha experimentado o experimentará una agresión sexual. Pero será raro que lo comente. Solo el 8 por ciento de las víctimas las denuncian. Que no nos crean, que digan que exageramos, que es porque no nos quedamos satisfechas, que queremos arruinarles la vida o que no estamos preparadas emocionalmente para enfrentarnos a ello son algunas de las razones por las que preferimos guardar silencio (cada vez menos, por suerte). No hay mejor ejemplo que el año 2021, cuando se denunciaron 2.143 agresiones sexuales con penetración. Seis violaciones al día.

Seis violaciones al día.

No es que antes no pasara, es que, como digo, el estigma de no ser creída pesaba más que buscar justicia tras ser atacadas. Una de las formas más populares de los últimos años es la de la sumisión química (el 30 por ciento de las agresiones emplean este método). ¿Recuerdas el verano de los pinchazos? Se nos decía que exagerábamos.

Hay quien intenta minimizar el problema echando balones fuera. Sostienen que son los extranjeros, pero, como ya vimos, si vamos a la última Estadística de violencia doméstica y violencia de género del Instituto Nacional de Estadística con datos de 2021, el argumento cae por su propio peso. El agresor es un varón entre los treinta y los cuarenta y cuatro años y, según el lugar de nacimiento, dos de cada tres agresores (el 63,5 por ciento) han nacido en España.

Lo que pasa en España con el sexo es fácil de adivinar. Aún vivimos inmersos en una cultura (machista) que enseña que es un bien de consumo —estamos en el número trece en la lista de países que consumen más pornografía, con un 66 por ciento de hombres— o un derecho que se puede comprar. Según el CIS, el 32,1 por ciento de los varones en España han pagado por tener sexo. Y de las personas explotadas sexualmente, las mujeres son el 67 por ciento y las niñas, el 25 por ciento.

Para dejar las cosas claras, voy a empezar diciendo que
cada una es libre de hacer lo que quiera con su cuerpo, hasta
de querer prostituirse (que no digo que no haya mujeres que
lo hagan porque quieren). Pero la realidad de las estadísticas
muestra unos números que no van de la mano con esa idea de
que la prostitución es un trabajo como «cualquier otro», lo que
muchos se atreven a decir. Esta mañana me despertaba con la
noticia de que una chica de veinte años que trabajaba de forma esporádica de *escort* fue asesinada en Arganzuela por su
cliente. ¿Dirías que es comparable a tu trabajo? ¿Corres el
riesgo de que te maten si no contestas el hilo de Slack? La
web *feminicidio.net* contabilizó diecinueve casos de prostitutas asesinadas por puteros en 2022, así que igual que tu trabajo de *data analyst*, azafato de vuelo, profesor de infantil, abogado medioambiental o camarero no es.

Para mí —y en esto no me vas a hacer cambiar de idea, te
lo adelanto—, la prostitución es una violación que compra el
consentimiento. Dinero igual a aceptación, pero no a deseo.
Sin embargo, en ningún caso se trata de un encuentro donde
hay ganas de por medio. Y mientras sigamos planteándonos
el sexo como algo que se debe consentir y no como algo que
hay que desear, la desigualdad en la educación, en el disfrute,
seguirá ahí.

1
HABLEMOS (POR FIN) DE SEXO

Diría que desde que empecé a tener sexo hasta que cumplí veintiún años no lo disfruté. En esa etapa estaba demasiado mal enseñada. Las películas románticas, el poco porno que había visto hasta el momento —si se puede considerar porno a esas imágenes granuladas que salían por la tele de gente haciendo que tenía sexo sin bajarse la ropa interior— o las series, normal que me pareciera una decepción. ¿Para eso tanto alboroto, para unas sacudidas sobre mi cuerpo que hacían que me sintiera como si estuviera bajo el conejito cargado con pilas de Duracell? Estaba confundida, decepcionada, aburrida, pero sobre todo preocupada. Algo iba mal en mí cuando, haciendo lo que había visto, no llegaba al orgasmo. Pero ¿por qué? En casa había tenido unos orgasmos espectaculares con mis peluches de la infancia, que de tanto uso estaban ya blanquecinos. Y como no me planteaba hablar de mi «problema» sexual, aposté por lo que hacemos la mayoría de las mujeres en cierto punto: fingir para salir del paso. ¡Y madre mía cómo fingía los orgasmos! Ríete de Ainhoa Arteta en plena actuación. He alcanzado notas más altas con mis corridas ficticias.

Cansada de que aquello no terminara de gustarme, y viendo que solo se lo pasaba bien el otro, a los veintiuno me planté.

Ya estaba bien. En pleno mete y saca, bajé la mano hasta mi clítoris y empecé a frotar. Imité lo que tanto gusto me daba cuando me tocaba en la intimidad. Porque sí, la mayoría de las mujeres no nos masturbamos con un vibrador o metiéndonos los dedos. Lo que hacemos es buscarnos el clítoris y darle caña hasta que nos corremos con todo tipo de giros y derrapes en solo un centímetro cuadrado. Es como el bloqueo del móvil pero en rápido. En cuanto el chico me vio con la mano entre las piernas, casi se cayó de espaldas. Me preguntó con tanto miedo que qué hacía que era como si en vez de tocarme estuviera construyendo una mina antipersonas a su lado en la cama.

«Me estoy tocando», le respondí. Por lo visto, no era lo bastante evidente. Mi contestación debió de fundir la parte del cerebro que no estaba centrada en meterla. Con cara de cuadro, llegó a preguntar si su pene no era suficiente. ¡Ay, cariño! En ese momento fui consciente del ego masculino. Mi acompañante estaba tan cabizbajo tras descubrir que su todopoderoso miembro no era capaz de conducirme al orgasmo que me entraron ganas de recomendarle dos psicólogos. Uno para él y otro para su pene. «Me gusta más así», le dije mientras seguía dale que te pego a mi entrepierna. Y ahí sí. Ahí sí. En ese momento lo entendí todo: el sentido de la vida, el final de *Lost*, las ecuaciones diferenciales y todo lo que se me escapaba. Pero lo más importante fue que comprendí que, por respeto hacia esa perla que tenía entre las piernas, no iba a volver a fingir que me corría. Prefiero plantarme y decir «Mira, no eres tú, es que hoy no tengo el día» antes que ponerme en modo soprano para que él piense que me lo estoy gozando de una forma que no se ajusta a mis sensaciones.

¿Que puedo disfrutar solo con un pene? Sí. ¿Que así no me voy a correr nunca? También.

Este es uno de los aspectos que más nos pesan del hetero-patriarcado, que viene en 2×1 con el falocentrismo de regalo. Y todo lo que no sea la penetración está en un segundo plano. Es más, muchas personas, a todo lo que no sea meterla, lo llaman «preliminares». Para mí los preliminares no son sexo oral o masturbación, preliminares son esperar a que llegue la comida a domicilio, comprobar que no tienes la bandera de España en tu biografía cuando me das el Instagram… Por eso, la próxima vez que brindes, en vez de apostar por «El que no apoya, no folla», te propongo un «Quien no recorre, no se corre». Y el último que he inventado para cuando estoy con amigas: «A quien no toque el moño, no le comen el coño». El reto de pasarte una caña por encima de tu recogido sin derramarla forma parte de la diversión.

Justo por ese falocentrismo, la presión sobre tu miembro es brutal. Está más agobiado con su *performance* que preocupado por pasarlo bien. Pero es que no he venido aquí a tener un 1:1 con tu pene. He venido a disfrutarte al completo, de pies a cabeza. A olerte las axilas —¿por qué me encanta eso?, ni idea—, jugar con tus pezones, acariciarte los pies, comerte el culo… He venido a hacértelo todo todito. Así que ese agobio de que todo depende de si la tienes dura, grande, gorda, con luces o capaz de aguantar un polvo de quince horas, te lo puedes ahorrar. Es uno de los aspectos que más vas a agradecer del feminismo: aprender a gozarte entero —y descubrir que tienes más zonas erógenas de las que pensabas, que no es solo una—. De hecho, cuando te das un tiempo con el falocentrismo descubres que hay un mundo de prácticas, objetos, olores, sabores, posturas, roles y juegos desconocidos.

Insisto en esto porque más de uno, al mencionar el tema de los juguetitos, se ha sentido más fuera de lugar que Shrek en una tintorería. Pero como ferviente admiradora de los juguetes sexuales, solo puedo animarte a que abras la mente y otras cosas. Escribir un blog de sexo ha aumentado mi pasión, pero ya me producían curiosidad de pequeña. Con decirte que una de mis fantasías era que me encerraran en una habitación llena de todo tipo de artilugios para que experimentara te lo digo todo. Mi intriga por el sexo empezó a una edad bastante temprana. Todavía recuerdo una vez que mi madre sacó mis primeras esposas, que tenía escondidas detrás de mi radiocasete (sí, cuando era adolescente no había altavoces por Bluetooth, soy de los noventa). Los juguetes sexuales son el regalo perfecto tanto para mí como para regalar, ya sea a una pareja o a una amiga. Y no, no tienes que sentirte amenazado por ellos, amigo, te aseguro que no van a sustituirte.

Puede que el estimulador de clítoris sea capaz de hacerme batir récords de velocidad con los que antes solo podía soñar (¿alcanzar un orgasmo en quince segundos? Diría que soy más rápida que Lewis Hamilton), pero aun así quiero que me pongas la lengua ahí. Aunque nos lleve más tiempo, da igual, no tenemos prisa. También soy fan del *slow sex*. La sensación de mirar desde arriba una cabeza entre las piernas ocupada en darme placer es indescriptible. Sí, lo quiero todo. Voy a confesarte algo: los juguetes harán que nuestra vida sexual sea mucho más interesante. Con tu pene y mi vagina podemos crear una cantidad de posturas y experiencias limitadas. Si a la ecuación añadimos un vibrador, un *plug*, unas cuerdas,

¡lo que sea!, mmm… Te aseguro que las combinaciones son infinitas. Y ya no te cuento si rompemos el tabú del ano. De los dos, ¿eh? Del tuyo y del mío. Que sí, que a ti también se te pueden meter cositas por el culo.

No, no digas que a las mujeres nos da más gustito, que tengo un dato científico que desbarata tu teoría. El punto G masculino (conocido como punto P) está en el interior del ano. No te preocupes, no tengo que hacerme con una tuneladora para dar con él. Lo tienes a cinco centímetros del orificio, así que con meterte un poco el dedo ya lo alcanzo. Aunque también te digo que si el dedo entra entero o va seguido de dildos, lo disfrutarás más. Prometo hacerlo con cuidado, mucho lubricante y atendiendo en todo momento para ver si vas bien, si puedo seguir empujando o si necesitas que lo retire. No te preocupes porque no sea igual de placentero para mí; un sexo igualitario consiste en dar y recibir, entendiendo que todos podemos disfrutar en el mismo momento o en otros.

Sé que todavía te pesa la homofobia y los clásicos chistes de tu grupo de amigos de a ver si con algo por detrás de repente van a gustarte los tíos, como si allí estuviera el interruptor de la homosexualidad. (Y, hablando de fobias, que todavía haya chicos que se echen para atrás al conocer a alguien cuando se enteran de que es trans me parece tan mal como quienes las sexualizan. Si una persona te gusta, te gusta y ya). Eso no es más que un casposismo del que tienes que librarte. El mismo que el de los gemidos. ¿Sabes por qué en la cama parece que guardas un voto de silencio? Espera, que te lo digo: porque los hombres que has visto teniendo sexo en las películas no pronunciaban nada que no fuera, si acaso, el gruñido

sordo de un gorila espalda plateada. Te quiero oír darlo todo
por dos razones: porque me pone, que ya debería ser bastante aliciente, y porque gemir ayuda a que os quitéis el piloto
automático, conectéis con vuestro placer y tengáis orgasmos
más intensos.

El ver a tu pareja gozando hasta por los dedos de los pies
es también muy estimulante, y mis pajas a solas lo confirman.
Y sí, he dicho pajas en vez de dedos, porque, como comentaba, poco o nada se parecen a la imagen que puedes tener en tu
cabeza de una actriz porno metiéndose y sacándose todo tipo
de objetos alargados por el chichi. Nuestra forma de mastur-
barnos es más discreta. Pones el dedo sobre el clítoris y mueves de un lado a otro o en círculos, cada una tiene su estilo,
aunque esos dos son mis favoritos. Tenlo en cuenta la próxima vez que creas que lo más excitante es que metas los dedos
hasta el fondo como si quisieras tocarme el hígado. Está muy
bien para distender los músculos por si quieres introducir
algo más grande, pero si sales y te centras en el clítoris, mejor.

2
«BUENO, PERO ¿CON CUÁNTOS HAS ESTADO?»

Cuando te proponía hablar de sexo me refería a hacerlo como cuando nos ponemos al día de los últimos cotilleos del grupo de amigos, en que cada uno aporta su parte. No era darte pie para que bucearas por mi expediente íntimo. No hay pregunta más innecesaria que la de «¿Con cuántos te has acostado?». Tío, yo qué sé. ¿Crees que llevo la cuenta en una libreta de contabilidad con asteriscos y que anoto los detalles de cada encuentro? «Mateo, 18-08-2010, agradable, pero sudaba a mares. Puede que se debiera a la ola de calor de ese año. O igual no. Nunca llegué a averiguarlo. Le hice *ghosting* porque en ese momento mi responsabilidad afectiva estaba de vacaciones».

Cuando oyes esa pregunta sabes que estáis entrando en terreno pantanoso, porque somos conscientes de que, de alguna manera, la cantidad influye. Hay quienes todavía relacionan el valor de una mujer al número de sus encuentros. Curiosamente, son los que llamo «hombres espora», que solo creen en el sexo esporádico. Porque ¿crees que me cambia la de penes que hayan podido pasar por mi vagina? Está hecha de músculo, no de goma Milán, no se desgasta con el roce, de verdad. Sin embargo, ahí estás, esperando que te dé una respuesta que te contente. Pero deja que te diga algo: formar una opinión de una persona en función de su vida sexual es lo que se llama *slut-shaming*. No lleva a ninguna parte. Para empezar, porque es algo íntimo. Y segundo, porque debería dar igual.

Si lo que te preocupa es mi salud sexual, pregúntame si suelo tener sexo con preservativo, cuándo fue la última vez que me hice un análisis de ITS o si me haría otro en un futuro, pero no de esa manera. También puede que lo preguntes para comparar con cuántas personas hemos estado cada uno, pero no es una competición, no gana el que se ha bajado más veces los pantalones. Si te planteas esto como que nos medimos el uno al otro, en vez de como un juego en equipo, llevas las de perder.

Para mí es una mala señal muy evidente que saques la pregunta, porque, siendo sincera, no es algo que surja por casualidad en una conversación; si te lo preguntan es porque quieren saberlo. No te dejes engañar por esos youtubers que van de gurús del amor diciendo que una «buena mujer» tiene una cantidad tirando a baja. Es algo que lo único que hace es jerarquizarnos y dividirnos entre las que somos dignas de una relación tradicional (como si solo nos interesara eso) y las que no. Somos libres de tener las parejas sexuales que nos dé la gana. El problema es que con sus mensajes lo que venden es que si tu número es alto, para una aventura eres pasable, pero en ningún caso se te tiene en cuenta como pareja sentimental o para el matrimonio. Mi opinión sincera es que deberíamos huir de quien tenga esta mentalidad.

Pero ¿de dónde viene esta idea de que nuestro número, si es alto, nos condena? Debemos remontarnos a cuando la virginidad era algo que teníamos que aportar al matrimonio. Era la forma de asegurar que el marido era el primer y único poseedor de la mujer. Porque eso éramos, otra propiedad más, como una gallina o una carreta. Claro que cuando el tema de la virginidad se quedó un poco pasado había que actualizarlo. La brillante idea fue la de unirlo al tema de la valía de la mujer. Porque una mujer respetable no tiene sexo casual con el primero que le apetece, no sucumbe a sus deseos, espera al hombre al que ama para entregarse a él. Me cansa que esté mal visto que las mujeres tengamos sexo casual, porque, para empezar, el sexo casual debería referirse a toda práctica íntima que hagas si no llevas traje chaqueta.

En cambio, el mensaje para vosotros es el contrario: «Ten sexo, cuanto más mejor, que si lo haces serás todo un campeón». Cuando el deseo sexual está presente tanto en el hombre como en la mujer, negar eso es restar placer a la mitad de la población, que lo sigue haciendo con miedo a ser juzgada como —la palabra prohibida— «promiscua». La reputación es eso invisible e inservible que las mujeres llevamos a la espalda como si valiera de algo. Que yo sepa, en ningún supermercado te la aceptan como método de pago. Sin embargo, lo tenemos presente cuando nos acostamos con un desconocido porque queremos algo esporádico por la sencilla razón de que tenemos más que perder. Por lo pronto, siendo la penetración la práctica que se sigue considerando «tener sexo» (ya te he contado que las prácticas orales o manuales son de «segunda»), es más difícil que nosotras podamos llegar al orgasmo. Así que seguramente no vaya a ser tan placentero. Si le sumo que, al ser algo puntual, es probable que lo cuente en su círculo y hoy todo se sabe, sobre todo si te ha dado follow a

Instagram, no solo no vas a gozar, sino que encima, si lo va contando, él queda como un campeón y nosotras, como en la Edad Media, como terreno conquistado.

Ha llegado el momento de dar una vuelta a esto y entender que tenemos los mismos derechos de querer líos de una noche, una tarde o una mañana sin que se nos juzgue por ello. Que podemos disfrutar del cuerpo y de la sexualidad sin prejuicios ni avergonzarnos. Toca darle una vuelta de tuerca a esto del *body count* y enfocarlo con una mentalidad más práctica. Si nos planteamos tener sexo como las clases de conducir, parece evidente que, cuanto más lo pongamos en práctica, mejor sabremos cómo funciona el coche —nuestro cuerpo—. Probando se llega a averiguar qué gusta, qué no, dónde sí, dónde no... La próxima vez que te asuste la idea de si la chica que tienes delante puede tener más experiencia que tú, recuerda que lo más probable es que tenga claro lo que quiere y cómo le gusta, así que lo único que tienes que hacer es preguntar y ponerlo en práctica. Y lo mejor: lo quiere probar contigo. Si eso no es un chute de autoestima, ya no sé...

En conclusión, si después de esto quieres hacer la pregunta, mi respuesta más que probable será «Con muchos, pero contigo ya no». ¿Te compensa? Si quiero tener sexo contigo, bien, pero mal porque me arriesgo a que me insultes. Pero si por lo que sea no quiero tenerlo, también mal porque me arriesgo a que me insultes. Es la paradoja de los maestros del amor de Instagram. Si tienes cualquier red social, seguro que te habrás encontrado con alguno de esos «expertos» diciendo que es mala señal que no quiera montárselo contigo en la primera cita. Una ya no sabe qué hacer con su vida. Hace años nos criticaban si teníamos sexo nada más conocernos y ahora si no lo hacemos.

No te lo pierdas: según los coaches de veinticinco años —qué coach puedes ser si acabas de empezar a relacionarte—, es mala señal que no te acuestes en la primera cita. Según su razonamiento, si has tenido sexo en la primera cita con una pareja y no lo haces con esa nueva persona, puedes influir en su autoestima si se entera. Pero vamos a ver, ¿tengo cara de autoservicio? ¿Abierta 24/7? Anda que no depende de mil cosas que me apetezca o no, desde cómo ha ido la cita hasta mis circunstancias. Hay tantos factores que no dice nada de mí como persona hacerlo o no.

Por favor, recuerda que tenemos diferentes experiencias con diferentes personas en diferentes momentos. Tu valía no depende de que quiera o no follarte nada más conocernos, y tampoco deberías ir a una cita con el único objetivo de saber si tras la cerveza hay una tapa de bragas (que no de bravas). Conóceme, crea vínculos sanos conmigo y el resto de las personas, no como si fuera un juguete sexual. Necesitamos crear relaciones de amistad y de equipo, dar con quien nos apoye en los malos momentos. Y eso no lo averiguarás si solo estás pendiente de —o para ti solo es un éxito— que nos vayamos a la cama.

3

LO QUE NO TE CUENTAN
SOBRE EL PORNO

Que tengamos una vida sexual en pareja no quita que llevemos una propia. Es más, te animo a que te masturbes cuando
quieras y te lo pases de fábula por tu cuenta —no, hombre,
no, cuando tengamos invitados prefiero que no te pajees en el
salón—. Pero que te toques es sanísimo. Además, sexo llama
a sexo. Mantenerte activo hará que estés con ganas de que le
dediquemos un rato cuando nos apetezca.

Sin embargo, llegamos al gran «pero». ¿Cómo te tocas?
Porque nueve de cada diez amigos a los que les he planteado
esta pregunta me han dado la misma respuesta: «Viendo porno» (sigo pensando que el décimo mintió). El porno llegó a tu
vida antes que la educación sexual. Y claro, ahí estabas tú de
pequeño descubriendo un mundo desconocido de personas
desnudas que tenían sexo en una pantalla solo para tus ojos.
¿Cómo no excitarte? Las imágenes son de tanto impacto que
lo que verías en aquel momento empezó a cincelarte como
amante. Tirón de pelo por aquí, estrangulamiento por allá…
Replicas ese rol de martillo-percutor-clavando-clavos-en-
una-pared que te han enseñado los vídeos. Y cuanto más
fuerte, más bestia y más todo, más placer. O eso te han dicho.
El problema de crecer con el porno —ay, si solo fuera uno—

es que corres el riesgo de creer que es real, que esos físicos existen, que das una patada a una piedra y te salen diez tías con pechos inmensos, nalgas de acero y piel lisa sin un solo pelo. Y también que así debes portarte en la cama. Y que el centro de todo es la penetración.

No vengo a desmontarte el porno, solo a explicarte por qué no es feminista para que tomes las decisiones oportunas con conocimiento de causa. Para empezar, ¿te has preguntado alguna vez por qué es gratis? Tienes que pagar por todo: por el calabacín en el supermercado, por el gimnasio, por las copas con los amigos, por la visita al fisioterapeuta… Y justo la pornografía, que la ves con frecuencia, es gratuita. Sospechoso, ¿no? La industria del porno te da gratis esos diez minutos de película o unas escenas sueltas. Su idea es que te quedes con ganas de más, te guste la actriz o la productora y vayas derechito a su página, donde más de uno paga el servicio de suscripción. Pero si eres de la Hermandad del Puño Agarrado —o un *millennial* precario, como la mayoría—, es probable que con esos minutos te baste (y te sobre) para tu ratito de desconexión pene en mano. También los anuncios están ahí, bombardeándote desde que entras en la web que sea con el objetivo de que hagas clic (o pagues una versión premium para quitarte los *ads* de en medio). En cualquier caso, la peli porno te está saliendo tirada de precio.

Desde el punto de vista femenino, el porno en el que ves a diecisiete tíos corriéndose en la boca de una mujer no es fácil de tragar —el chiste salía solo, perdón—. El rol que debemos aprender según estos vídeos es que somos sumisas, dóciles o víctimas. Las agresiones sexuales o la violencia que se ejerce también nos marcan. Por eso nos resulta complicado

conectar con nuestras parejas si, cuando queremos un trato
respetuoso y cariñoso, nos encontramos insultos y golpes de
la nada —ojo, esto no tiene nada que ver con que disfrutes de
eso porque consientes ese tipo de sexo, el BDSM es eso—.
Además, el porno está concebido por y para la mirada masculina. La actriz parece la única protagonista. Del hombre solo
se muestra su pene, y de vez en cuando, pero las escenas cen-
tradas en su cuerpo o gestos son inexistentes. Y eso es porque
los planos que se cogen están muy pensados para que hagan
que el espectador se ponga en la posición del hombre, del
follador. En cuanto la dinámica del porno gira alrededor de la
penetración y de que él se corra en cualquier parte del cuerpo
de la mujer, el trato es desigual. Y así terminamos siendo machistas en la cama pensando que todo se basa en meterla.

Y no puedo no mencionar las agresiones reales que han
sufrido las actrices, las películas por las que nunca han recibido un céntimo y toda clase de injusticias, pues las actrices
son un colectivo desprotegido. Todo esto hace que consu-
mir porno no sea un ejemplo de ética si buscas la palabra en
el diccionario. Para mí equivale a estar a favor de los derechos
de los animales mientras te comes una hamburguesa. No tiene sentido. El otro problema viene cuando alimenta tanto la
imaginación que quieres convertir en realidad lo que ves de
tener sexo con mujeres físicamente increíbles, lo que lleva a la
prostitución y hace que sea un servicio muy demandado. El
plan perfecto para que ambas industrias sigan siendo millo-
narias a tu costa. Así que si quieres seguir viéndolo, allá tú, es
tu móvil o tu portátil, pero sé consciente de lo que hay detrás.

4
LA TRAMPA DE LOS MÉTODOS ANTICONCEPTIVOS

Cada año Apple saca un nuevo teléfono o un *smartwatch*, pero como método barrera seguimos utilizando el preservativo, el sistema que conocemos desde hace miles de años, pues se encontraron profilácticos de piel de cordero en varios yacimientos arqueológicos. ¿Te imaginas teniendo sexo en aquella época? «Espera, voy a matar una oveja para que podamos darle al tema. En tres horas estoy de vuelta. No te muevas». Todavía nos tocará darnos con un canto en los dientes.

Porque antes de que lo preguntes, no, no me planteo pasarme a la píldora. Sí, claro que sería genial hacerlo sin condón ni riesgo de embarazo, pero obvias la existencia de las ITS. Hay algo que debes saber: la pastilla anticonceptiva es un tremendo chute hormonal. «Mujer, no será para tanto». Bueno, díselo a mi entrepierna adormecida con la misma sensibilidad que el corcho. Y sobre todo a esos años en los que la estuve tomando y pensaba que era asexual porque no tenía ganas ni de tocarme. Directamente, el sexo no me interesaba. Y no deja de ser irónico. Que te tomes un medicamento para mantener relaciones sin riesgo y lo último que quieras sea tener sexo es el colmo de la absurdez. Pero no es lo único que me molesta de los anticonceptivos, que me parecen una mafia peor que la Cosa Nostra. Es también el hecho de que solo haya métodos para nosotras. Que yo sepa, cuando tienes sexo, al menos hay una persona más. Si hablamos del heterosexual, ese segundo elemento suele ser un hombre. Hombre que además es fértil todos los días del año —los trescientos sesenta y cinco, sin excepciones como Navidad o Año Nuevo—, mientras que nosotras solo somos fértiles unos días al mes. Sin embargo, la mayoría de los métodos están pensados para nosotras. ¿Ves por dónde voy?

El último ejemplo es el desarrollo de un medicamento que bloquearía el 99 por ciento de los espermatozoides. ¿Y adivinas quién tendría que consumirlo? Pues sí, yo. No solo han creado un medicamento pensado para que tu ejército de gametos nunca llegue al final de la carrera, sino que encima soy yo quien se tiene que meter la pastilla en el cuerpo pese a no ser responsable de la creación de esas células. Lo que consigue esta desigualdad entre los varios medicamentos anticonceptivos para mujeres y ninguno para hombres es que sigamos sintiendo que la fecundidad es algo nuestro en lo que ellos pintan poco o nada.

En realidad, lo suyo sería empezar a trabajar en una anti-concepción masculina para que cada pareja pudiera decidir o alternarse. Es difícil no sentirse un conejillo de Indias cuando la hasta ahora única píldora masculina que se estaba desarro-llando no llegó a comercializarse. Granos, cambios en el esta-do de ánimo e incluso dolores de cabeza fueron algunos de los efectos por los que no se continuó con la investigación. Curiosamente, cambios de peso, pérdida de la libido y pro-blemas circulatorios que pueden llegar a convertirse en infar-to son algunos de los efectos secundarios de «nuestra» popular y querida píldora que a nadie parecen preocupar. O si preocupan, no son lo bastante importantes como para dejar de usarla y buscar otra forma de sexo seguro más incómoda para ellos.

Además, la píldora femenina funciona «tan bien» y es «tan popular» que ¿para qué iban las farmacéuticas a molestarse en estudiar nuevas maneras de llevar un control de la fertilidad más igualitario? Mientras el batiburrillo hormonal nos lo llevemos nosotras, todo bien. Que a mis veinte años me recomendaran empezar con hormonas —lo que me llevó a perder el apetito sexual— o que muchas mujeres la sigan tomando por diagnósticos erróneos (como un falso ovario poliquístico) son solo algunos ejemplos de por qué también los hombres han de estar más presentes en esto. Además, fuera de ahí, la otra opción es el anillo —también hormonal y también para nosotras— o el DIU, dos sistemas que no te garantizan seguridad ante enfermedades de transmisión sexual. Por cierto, sangrados a destiempo, dolor cuando se inserta o periodos irregulares son algunos de los efectos adversos del DIU. La vida no es tan de color de rosa con nuestros métodos anticonceptivos, por mucho que nos vendan la moto de la libertad sexual.

Así que la opción que me queda para protegerme de embarazos no deseados y cuidar de mi salud es seguir usando el preservativo. Y pagarlo a medias, claro. Si disfrutamos los dos de él, qué menos que subvencionarlo a partes iguales.

Aunque, ojo, no es infalible. El temor de que estalle en plena acción puede provocar situaciones más tensas que cuando le piden a Doraemon que se vacíe los bolsillos en el aeropuerto. Si pasa, es el momento de sentarse a hablarlo. Sí, por mucho que sea un tema que ninguno de los dos quiera tratar, porque la perspectiva de traer un ser humano a este mundo es tan aterradora como hacer la declaración de la renta, da igual. Hay que ponerlo sobre la mesa.

Lo digo porque quizá te parece bien ir a una farmacia, comprar la píldora del día después y plantármela en la cara para que me la tome. Pero no es buena idea. No solo puede molestarme que decidas sin saber mi opinión al respecto —aunque sea la misma—, sino que esa pastilla la carga el diablo. Esa medicación te deja los ovarios del revés (esta broma no es literal). Por lo pronto, el número de píldoras que podemos tomar es limitado porque corremos el riesgo de quedarnos estériles a partir de cierta dosis, además la siguiente regla es bastante dolorosa. Este es un efecto adverso del que se avisa en el prospecto del medicamento, así como de que podemos experimentar náuseas, diarreas o vómitos. Lo que no encontré en el papel, y eso que lo desdoblé hasta que quedó abierto del todo, tamaño sábana de cama doble, es su repercusión en nuestra salud mental. La última vez que tomé la pastilla del día después me dio un bajón tan grande que era como si un dementor me hubiera absorbido toda la alegría de la vida. Y cuando me informé por mi cuenta descubrí un estudio realizado por el Instituto Karolinska (Suecia) con la Escuela de Economía de Estocolmo que confirmaba lo que me estaba oliendo, esta medicación también afecta a la salud mental: ánimo por los suelos, poca energía y mal humor. ¿Cómo es que se nos oculta una información tan importante? ¿Me cuentas que tal vez me vacíe como un grifo pero no que me voy a sumir en un pozo de tristeza y desesperación? Eso se siente como un *gaslighting* por parte de las farmacéuticas. Qué menos

que la tomemos con conocimiento de causa y con la tranquilidad de que esa bajona emocional se debe a la medicación.
No es pedir tanto. Podemos enfrentarnos a la idea de estar
unos días visitando más veces el baño que a nuestra familia,
pero dime que voy a estar en un estado delicado para que me
prepare un arsenal de cosas que me animan: mi libro favorito,
una lista de música de esas que reconfortan como una manta
de pelito... Así pues, tomar o no la píldora es algo que me
pienso mucho. Más que cuando voy a un restaurante italiano
y tengo que elegir entre carbonara o boloñesa. Si el accidente
se ha producido en mis últimos días de regla o cuando estaba
empezando con el ciclo, conozco bastante mi calendario
menstrual como para saber que si alguno de los nadadores
llega a mi útero solo encontrará un paisaje yermo y desange-
lado. Dejémosle morir en paz. Eso sí, el test de ITS habrá que
hacérselo en cuanto pasen unos meses, por si las moscas.

5
CONSENTIMIENTO: EL CAPÍTULO QUE CREES QUE SOBRA, PERO NO

Sé que este tema es controvertido, que piensas que sobra en este libro. No le das a la opción de expulsar USB antes de quitarlo del portátil, y voy yo y pretendo que te tomes el tiempo de leer algo que crees conocer al dedillo. Pero así soy, tan obvia como los langostinos en Nochebuena. Me toca sacarlo y ponerlo sobre la mesa porque hay que refrescar conceptos. Que estemos en una relación de pareja no me convierte en una barra libre de sexo. He estado con gente que imaginaba que mi cuerpo era como un letrero luminoso de Las Vegas con carteles como IN-N-OUT o WELCOME TO FABULOUS LAS PIERNAS.

Una vez mi ex me dijo que estaba triste, que se animaría si se la chupaba. No me preguntó si me apetecía, si estaba dispuesta a dejar de ver la serie para dedicarme a su entrepierna o si mi boca quería hacer algo que no fuera producir saliva. Y lo soltó. Y yo, en pleno proceso de fusión con el sofá, le dije que pasaba. Pero no fue suficiente, yo tenía que pasar por el aro —o por la goma del calzoncillo—, y me soltó que pensara en su bienestar, que a una buena novia no le importaría hacerlo y que no me costaba nada. Entonces, como buen manipulador, se salió con la suya y terminé tragando (bueno, tragando no, que lo escupí en el lavabo, pero ya me entiendes). La cosa es que si lees esta historia puedes pensar que accedí, pero ¿crees que di mi consentimiento?

Me llevó tiempo entender que mi voluntad era tan válida como la suya. Y que si estaban enfrentadas, ambas eran respetables, y lo que no podía ser era que terminara haciendo una práctica sexual a la fuerza —por mucho que él solo empleara palabras para convencerme—. Al final, expresar que solo de esa manera se sentiría mejor y que eso era mi «tarea» como pareja fue un tipo de chantaje emocional. Pero es que estar en una relación no te obliga a hacer nada que no quieras. Una relación del tipo que sea siempre debe basarse en la libertad. Sí, para mí es más importante que la confianza. Porque sin libertad no es una relación de pareja, es una relación de control. Aquí entran también todas esas veces que, sin apetecerme lo más mínimo, he pensado que tampoco me costaba tanto, que podía hacerlo por él. Ocasiones en las que he respirado hondo y me he quitado la ropa con las mismas ganas con las que lamería la barra del autobús. Y sinceramente, creo que para eso, mejor no hacerlo.

En aquel momento me habría encantado tener el valor de decir: «Mira, no me apetece». Porque basta con decir que no estás de humor para que la otra persona sea consciente de que, para ti, no es la mejor ocasión. Ya vale de pensar que no pasa nada por hacerlo una vez más, que no te cuesta tanto, que ya que estás, que así se calla y te deja tranquila, que si lo haces luego se va a acostar o que no lo va a «buscar fuera». Si estamos en una relación de pareja, no puede ser que algo tan íntimo como el sexo se convierta en una dinámica que alguien hace sin ganas porque a la otra persona le apetece. Aprendamos no solo a comunicar, sino a entender, validar y respetar lo que dice la otra persona. Si tantas ganas tienes, siempre puedes hacerte una paja y seguir viendo la peli conmigo en el sofá o, si tienes sueño, irte a dormir.

También me toca recordar que consentir en tener sexo no significa consentir cualquier sexo. Cuando estás de espaldas y de repente notas que algo pulula por el otro agujero, sabemos que no os habéis equivocado. Estabas viendo si colaba y te he pillado con el carrito del helado. Si se trata de algo que nunca hemos probado o hablado, lo suyo sería mantener una charlita al respecto. Igual a ti tampoco te haría gracia que de repente te metiera un dildo por el culo si nunca has mencionado el tema o que te quemara el escroto con la cera de una vela porque me apetece probar algo más *kink*. No es tan complicado, en serio, solo hay que aplicar la lógica y el respeto. Si te pone lo de tener sexo conmigo durmiendo (sí, hay un fetichismo que se conoce como «somnofilia»), qué menos que hablarlo antes. ¿Sabes la impresión que me puedo llevar si de repente estoy soñando y me despierto con tus noventa kilos encima de mí mientras me penetras? El susto puede ser importante. El casi infarto también. Menciónamelo antes, deja que te diga si me apetece, y si es un sí, que me mentalice para que no me dé un ataque al corazón porque me estás resoplando en la cara. Si no, podemos llegar a un acuerdo: yo finjo que estoy dormida y tú haces como que te lo crees. Como cuando finjo que no veo las gotitas de tu pis en el suelo del baño porque siempre salpicas.

Para terminar, no podía escribir este capítulo sin hablar de la idea que se han sacado algunos (sí, son algunOs, con O de tíOs) de imprimir contratos de consentimiento o hasta de descargarse una aplicación que mande tu firma de que apruebas tener sexo, con tu DNI y tus datos. No sé qué opinas al respecto, pero si cuando vayamos a tener intimidad en una cita me dices que si lo puedo dejar por escrito, para mí es una luz de alarma. El consentimiento no es estático, va cambiando, porque puedes empezar con ganas de tener sexo y que luego se te pasen.

¿Qué hago, si tengo el móvil a desmano? Si notifico que he cambiado de idea, ¿vendrán a sacarme de ahí? Me parece tan ridículo como si me apunto a puenting, firmo que voy a saltar y en el último momento me echo atrás. Además, ¿dónde queda el deseo? Nos centramos tanto en consentir o no que parece que el sexo sea algo que se debe permitir y no algo que se debe desear, que tendría que ser el requisito para tenerlo. Que los participantes tengan ganas. Punto. Lo siento, pero que alguien vaya con un contrato prueba que esa persona no tiene las nociones básicas para saber si estás disfrutando o no, y es como si le dieras carta blanca para que haga contigo lo que le dé la gana sin preocuparse por tu placer.

Y mira, no, porque eso es a lo que están habituados con la prostitución, en la que se puede pagar por el consentimiento.

6
¿QUE LA PROSTITUCIÓN ES LA MUJER COMO BIEN DE CONSUMO DE QUÉ?

Sí, el porno y la prostitución comparten la explotación de la mujer como la base del negocio, igual que la hamburguesa y el taco comparten la carne como relleno. Además, para aderezarlo todo, se ha incluido un concepto con el que nadie puede estar en desacuerdo: la libertad. Si tan libres somos, ¿cómo no vamos a tener la posibilidad de prostituirnos o de hacer lo que nos dé la gana? Es nuestro cuerpo, y podemos usarlo para tener sexo gratis o para todo lo contrario.

Sí, si quieren, las mujeres pueden ser prostitutas. Y no debería estar mal visto que, si un hombre es actor porno para saciar su alto apetito sexual y se le considera un auténtico crack por haber monetizado su deseo, la mujer no pueda hacer lo mismo si lo siente así. Que a él se le aplauda y a ella se le critique sería machismo, ¿no? El tema de la prostitución —y el motivo por el que está relacionada con el feminismo— es que no se corresponde a la imagen idílica que podemos tener de lo que es dedicarse a ello.

Todos conocemos —o hemos oído hablar— del caso de esa conocida de un amigo que dice que prefiere dedicarse a la prostitución que limpiar escaleras. Y es así por dos razones: gana más y se cansa menos. Claro que existen estos casos.

Además, vienen acompañados, según tu amigo, de que se compra bolsos de marca, gana miles de euros en un día y vive en un piso en el centro de la ciudad que nunca podrías permitirte con tu salario. La prostitución se ha romantizado hasta el punto de encontrarle el lado positivo y admirable a esa mujer que ha sabido utilizar sus «herramientas» —el sexo— para tener un flujo de ingresos abundante. El cine incluso nos lo relató con *Pretty Woman*, cuando ella sostenía que decidía con quién, cuánto y cuándo, que pasaba de chulos para que no se quedaran su dinero y encima luego conocía el amor con su putero. El discurso liberal ya empezaba a asomar la patita en la película, pero ahora es más evidente. La prostituta reivindica el título de trabajadora sexual, es una mujer independiente, puede elegir a sus clientes, llevarse el dinero pasando de proxenetas, ser «empresaria» de su cuerpo. Pero que haya mujeres ejerciendo la prostitución con esa comodidad, ¿es un reflejo fiable de la prostitución en España?

Los estudios que presentó la ONGD Anesvad revelaron que ocho de cada diez mujeres que ejercen la prostitución en España lo hacen en contra de su voluntad. Ocho de cada diez. Si ocho de cada diez personas tuvieran ruedas en los pies, ¿tendría sentido mantener las escaleras para una minoría? ¿O habría que adaptar todos los espacios con rampas para los ruedines? En este ejemplo vemos dónde reside el problema. Hay que plantearse tres preguntas:

1. Si de verdad es tan buen trabajo, como muchos defienden, ¿por qué no tienen opción de cotizar, sindicarse, ir a huelgas o disfrutar de vacaciones pagadas?
2. ¿Por qué te horrorizaría si tu hija quisiera dedicarse a ello?

3. Si quieres tener sexo, ¿por qué no te vale un señor de cincuenta años que te lo proporcione?

La prostitución está relacionada con la trata de personas; la mayoría de las mujeres que la ejercen son extranjeras. Y España aparece la tercera en la lista de países europeos al que llegan más víctimas de trata. Si hablamos a nivel mundial, de esos cuatro millones y medio de víctimas de la explotación sexual forzosa, el 90 por ciento son mujeres y niñas, según las estimaciones de la Organización Internacional del Trabajo (OIT). ¿Dónde está la mujer caucásica con un lujoso estilo de vida que hace esto por voluntad propia, que no la veo?

A nivel físico y mental, la prostitución no es esa idea de *Pretty Woman*. Esconde una realidad más cruda y desagradable. Según el informe de la Organización Internacional para las Migraciones (OIM) y la London School of Hygiene & Tropical Medicine (LSHTM), la mitad de las víctimas de trata han sufrido violencia física o sexual junto a amenazas, insultos o encierros. Y el 42,8 por ciento sufre trastornos por ansiedad, depresión (61,2 por ciento) y estrés postraumático. Borra la imagen de Julia Roberts dándose un baño relajante en la habitación del hotel. Lo que hay en España son pisos sucios donde las mujeres tienen que estar disponibles las veinticuatro horas. En muchos casos, sin acceso al dinero y durmiendo en el mismo sitio donde les hacen de todo con el riesgo de contraer enfermedades. Tampoco tienen alternativa, porque la otra opción es no contar ni con un techo sobre la cabeza. Si tan maravilloso es este mundo, ¿por qué las que han dejado de ofrecer servicios sexuales cuentan estas historias y necesitan ayuda psicológica tras dejarlo?

Y si es tan tremendo, ¿por qué la historia que sigue preva-
leciendo es la de la «puta feliz»? Porque la prostitución mueve dinero, y porque los principales interesados en que no les
corten el tema son sus usuarios, los hombres. Si se disfraza de
libertad de elección y se ignora deliberadamente la situación
de la mayoría de las mujeres que la ejercen, hay vía libre.
¿Coincidencia? No lo creo. Y hablando de coincidencias,
según un estudio de Ipsos, el 33 por ciento de los hombres
contestaron que les parecía apropiado hacer bromas de carácter sexual en el trabajo. Y el 32,1 por ciento de los hombres españoles, según el Centro de Investigaciones Sociológi-
cas (CIS), reconoció haber pagado por mantener relaciones
sexuales. Un tercio de los hombres en ambos casos, vaya.
Que no digo que sean los mismos, pero me haría gracia que lo
fueran.

Las mujeres que respondieron afirmativamente a la misma pregunta acerca de si habían pagado por sexo fueron un
0,3 por ciento. Así que no me cuentes la historia de que estoy
siendo pillina invisibilizando los trabajos sexuales realizados
por hombres con mujeres. A la hipotética pregunta de «¿Qué
pasa con los prostitutos?», nada, la respuesta es nada. Un
0,3 por ciento. Respecto a los clientes hombres, los mayores
de sesenta y cinco años son los que han pagado más veces.
¿Cómo? ¿Que no es Richard Gere, un joven millonario y
guapo? No, es el señor Manolo.

Puede que no hayamos ganado el Mundial de Qatar —que
para lo bañado en sangre que estaba, tampoco lo considero
una pérdida—, pero sí nos llevamos premio en pedir prostitución. Según la Coalición Contra la Trata de Mujeres (CATW)
y la Comisión para la Investigación de Malos Tratos a Muje-

res, somos el país con más demanda de toda Europa. Hay entre cincuenta mil y cien mil mujeres ejerciéndola en España, y por cada mujer que se explota sexualmente, hay cuatro hombres que la utilizan (*feminicidio.net*). Y dirás, guau, esta cifra es bastante *heavy*. Bueno, ha ido a más. Cuando estalló el conflicto entre Rusia y Ucrania, varias refugiadas recibieron llamadas de personas que se hicieron pasar por personal de la Cruz Roja para captarlas e introducirlas en redes de prostitución. Y sucedió al poco tiempo de que «porno ucraniano», «adolescente ucraniana» o «chica ucraniana» empezaran a convertirse en búsquedas populares en Google y webs de pornografía. Piel de gallina se queda corto.

Además, los puteros no solo pueden acceder al sexo cuando les dé la gana, sino que se han convertido en todos unos críticos sexuales. Existen foros donde comentan sus experiencias y puntúan por cuerpo, si ella aceptaba que se quitara el preservativo, qué prácticas se dejaba hacer o si tenía ganas de sexo. ¿Cómo va a tener ganas de sexo por sexta vez hoy con un señor que se presenta sin ducharse? ¿De qué se queja ese hombre en el foro? ¿De que le hizo enjabonarse? Si algún día te ha sentado algo mal y no sabes cómo vomitar, te recomiendo que pases por ahí y leas cómo se jactan de escribir sobre mujeres como quien valora el último producto que se han comprado en Amazon.

La prostitución es ahora más sutil. Sigue relacionada con el discurso de la libertad, y ha encontrado otra forma de extenderse. OnlyFans es un ejemplo. Pero lo cierto es que sigue siendo una de las patitas del patriarcado que garantiza que los hombres puedan contar con mujeres para ejercer su «derecho» a disponer del cuerpo femenino para su placer sin que nadie pueda rechistar, obviando su situación personal. Y es un privilegio que beneficia y enriquece a otros hombres, los que mantienen explotadas a las mujeres.

La prostitución es una forma de violencia, dominación y esclavitud. Imagínate que te follen miles de personas a la fuerza… Esto es traumático. Solo tienes que escuchar las historias de mujeres que han dejado de ejercerla, como Amelia Tiganus, que estuvo en más de cuarenta clubes viviendo esto, para entender por qué la considera una «prisión». Si se genera tanto debate sobre el tema —aparte de por los intereses de los consumidores—, es porque se habla casi únicamente de que las mujeres que quieren ejercerla tengan libertad para hacerlo. El problema está en que, de legitimarlo, perjudicaría al resto y mantendría la situación de explotación que se da en España. ¿No te recuerda a la trama del mayordomo, interpretado por Samuel L. Jackson, que vivía en la casa de los esclavistas en *Django desencadenado*? Él era el primero que no quería que se erradicase la desigualdad, porque estaba acomodado en su situación. Pero no significa que no existiera la esclavitud de los de su etnia.

En la prostitución, el deseo desaparece por completo del sexo, cuando debería ser imprescindible. En la mayoría de los casos, la libertad que tú y yo tenemos de acostarnos como queremos con quien queremos no existe. De hecho, la prostitución demuestra que quienes no tendrían sexo voluntario con esos hombres solo lo aceptan por el intercambio del dinero. Es decir, es un caso en el que consideramos sometimiento como consentimiento por estar dentro de una situación precaria. Sin ese dinero de por medio sería una violación a secas.

Ahora parece que, poco a poco, nos vamos acercando al final de la explotación sexual en España. Por fin, en 2023, avanzamos hacia la abolición, ya que el Ministerio de Igualdad tendrá abiertas vías de cambio hasta 2026: alternativas económicas, laborales y sociales para las víctimas de trata y explotación sexual, un plan de inserción sociolaboral para esas mujeres y un estudio más exhaustivo para conocer el número y la distribución de las que se dedican a la prostitución. La Ley 122/000240 aboliría esta práctica, aunque de momento es una propuesta de ley realizada por el PSOE y está pendiente de que se debata en la Comisión de Justicia para que se pueda aprobar. La idea sería castigar al que se lucre con la prostitución de otra persona y multar a los puteros, ya que se modificaría el Código Penal para prohibir tanto el proxenetismo como la prostitución. Nos falta comprobar si en realidad estas medidas conseguirán cambiar la situación y ver si se contemplan los porcentajes, por pequeños que sean, de quienes quieren seguir ejerciéndola…

Quinta Parte

EL AMOR

¿Sabes cuando dice Shakira «No solo de pan vive el hombre»? Bueno, pues te aseguro que muchas mujeres vivimos de comedias románticas. Y nuestro problema es que nos las creemos como si fueran el BOE. No hay un punto medio: o te dispenso un trato de indiferencia absoluta o me pego a ti como un catarro en octubre. Pero es que es bastante difícil que no tengamos problemas por el camino si en el colegio nos enseñan ética, educación plástica o ciudadanía, pero a nadie le importa que aprendamos a relacionarnos afectivamente. Es más, de adulto se da por sentada tu orientación sexual y que en algún momento mantendrás una relación monógama. Todo lo que se salga de ahí es material de conversación en cualquier comida familiar.

Tras años escribiendo sobre sexo y parejas, me he planteado hasta qué punto estaba enamorándome con libertad y hasta qué punto eran las películas las que me conducían a cierto tipo de relación. Ahora, tras mucha reflexión y práctica, tengo claro que sí, el amor es muy grande, pero también lo es tener un compañero de equipo, un amigo, alguien que te cubra las espaldas y esté el primero en la fila para echarte una mano en lo que haga falta. Me he ido olvidando de esa idea de

que el amor iba a llegar para cambiarlo todo y la he convertido en la decisión de elegir y diseñar mi vínculo. Sé por qué
soy monógama y por qué quiero estar en una relación de pareja. Primero porque, ¿hola? ¿Cómo no enamorarme de ti?
Mírate, lo tienes todo. ¡Si hasta te cuestionas tus comportamientos fruto del rol social que se espera de ti! ¡Y encima te
acuerdas de si operan a uno de mis padres! Segundo, porque
mi tiempo y energía son limitados, así que quiero dedicarlos
a una persona con la que construir un proyecto de futuro.

Habrá a quien le guste la emoción de mantener varios
vínculos, pero yo soy más de la estabilidad (y la tranquilidad)
de tener uno y cuidarlo. Criarlo bonito. La gestión emocional
es más sencilla que si tengo varios frentes abiertos. Aunque
eso no significa que no tengamos nuestras cosillas, ¿eh? Sé
que los clásicos problemas de una relación llegarán en algún
momento: carga mental, reparto de tareas domésticas, responsabilidad...

El lado positivo es que ya no estaré en el punto de preguntarme si quiero o no estar contigo cuando surjan, sino en el de
plantearme la solución para arreglarlo y seguir adelante porque te quiero en mi vida. Y si vemos que por nuestra cuenta
es imposible gestionarlo, no pasa nada, hay profesionales
fantásticas que se encargan de hacer terapia de pareja. Es
más, de las parejas que buscan ayuda experta, el 70 por ciento
mejora su relación. Es como para pensárselo (y no dudar a la
hora de dar el paso).

Pero volviendo al amor, es una de las cosas que ha cambiado. ¿O pensabas que se iba a mantener siempre igual? Lo
único constante en esta vida son los temazos de Leticia Saba-
ter. Según el estudio elaborado por 40dB para la Cadena SER

y *El País*, las nuevas generaciones cada vez son más abiertas en cuanto a orientación sexual, sí, pero también más celosas. El 44,5 por ciento de los jóvenes opina que coquetear es una forma de infidelidad, un dato que está muy marcado por la dimensión de nuestra vida digital, incluso sin contacto físico. El arma de doble filo es que el móvil permite vigilar a la pareja de una forma que antes no se había puesto en práctica. De ahí que sea más importante que nunca educar en que no poseemos a las personas con las que formamos vínculos. Pero más allá de eso, te quiero hablar de la parte del amor que no sale en los cuentos, la que se basa en el día a día más estricto, la cotidiana. Porque como creo que es la que menos se comenta o a la que menos importancia se le da en conversaciones, películas o canciones (nunca oirás a C. Tangana componiendo *Tú me dejaste de planchar*), es la que toca poner sobre la mesa.

1

SOCORRO, LA CASA NO SE LIMPIA SOLA

Si el sexo es cosa de dos y la anticoncepción también, lo mismo pasa con el cubo de la basura. No, no tiene mi nombre escrito. Lo sé, pensabas que sí porque hasta ahora me encargaba de vaciarlo, pero lo cierto es que hay tareas que parecen ser mi responsabilidad. ¡Y ni siquiera lo hemos decidido así! Lo has dado por hecho.

Vale, sé que vacías el fregadero, que recoges el tendedero y que has aprendido a doblarme los tangas. Eso no quita que las manchas de las esquinas de la ducha, los cristales de las ventanas o los estantes de la nevera haya que limpiarlos entre los dos. Me parece estupendo que, hasta que te independizaste, tu madre se encargara de todas esas cosas. Pero ya has comprobado que el plato con las migas del sándwich no llega volando al lavavajillas, así que es el momento de ponerse las pilas. Es más, te haré spoiler, no es que yo lleve en el segundo cromosoma X una especial predisposición genética para limpiar. Créeme, a los dos se nos da igual de bien frotar la taza del váter para quitar las salpicaduras que quedan bajo el asiento. Ante la duda, siempre podemos tirar de Yahoo! Respuestas. Ahí aprendí que las manchas de boli BIC se quitan con laca de pelo, y te aseguro que te enseñará a sacar las manchas de vino paso a paso. Y si no te queda claro, YouTube está lleno de vídeos de contenido muy útil para la vida diaria, desde cómo desatascar un desagüe hasta cómo limpiar los cabezales de la impresora (e incluso puedes ponerlos en pausa y rebobinar unos segundos, si te pierdes).

Por mucho que he estado con chicos que han tenido problemas de sinceridad conmigo, momentos en los que había menos sexo o crisis por llevar juntos mucho tiempo, la mayoría de los problemas de convivencia venían por el reparto de tareas. Pero lo peor no es a quién le toca recoger los platos de la cena. El problema es que la falta de implicación en la limpieza termina por convertirse en un efecto directamente relacionado con el atractivo físico. Cuanto más desorganizada, pasota y sucia veía a mi pareja, menos ganas tenía de ser cariñosa. En otras palabras, ver el baño lleno de mierda hacía que pasara de parecerse a Jason Momoa en *Aquaman* a ser como Maui en *Moana*. Para mí, la ecuación era sencilla. Una persona te resulta sugerente por el físico, pero también por la personalidad. Si lo que ves es un caos digno de cualquier alumno de Diógenes, terminas por no querer acercarte mucho. Ah, y también que si a mi jornada de trabajo le tengo que sumar una jornada doméstica, cuando termina el día para lo único que quiero retozar entre las sábanas es para mi fase REM.

Así que vamos a hacernos un favor, hay una serie de básicos con los que deberías venir aprendido de casa (que lo enseñe la madre, el padre, la abuela o el tío es lo de menos). La mesa se limpia con la bayeta, en la tabla donde cortas pescado no puedes cortar luego verduras y el pollo crudo termina por ponerse malo en la nevera.

Las sábanas se tienen que cambiar al menos una vez a la

semana. Y las toallas, aunque te seques con ellas recién salido de la ducha, también.

Además, no es algo que te tenga que estar recordando, igual es el momento de que te des cuenta de que no soy Siri, tu asistente personal. Si no sabes qué tienes que hacer o qué he hecho yo ya, podemos hablarlo, pero no esperes a que te recuerde que está pendiente. Y si ese es tu plan, te arriesgas a que tengamos un B. C., un Broncón de Cuidado. ¿La solución? Repartirnos las tareas. Uno se ocupa de unas cosas y el otro de otras. Puede ser entre semana u organizarnos un día para la limpieza y la logística (como llenar la nevera o cocinar). Si quieres sumar puntos extra, te dejo mi fantasía sexual favorita: que limpies el baño cuando me toca a mí y me ves especialmente cansada. Siempre podemos amenizar el momento con alguna lista de Spotify para cantar mientras eliminamos la suciedad que creamos. Porque el amor no es mirarse el uno al otro ni mirar en la misma dirección. Amor es enfundarse juntos los guantes de goma, rascar la roña de la ducha y nuestros respectivos detritus, y seguir viéndonos deseables.

No te puedo hablar de lo duro que es el reparto de tareas para nosotras sin sacar a relucir un concepto que te sonará a sueco, pero que resume todo lo que te he contado: carga mental. Vamos a imaginarnos que el trabajo se reparte de la siguiente manera: un 50 por ciento corresponde a lo que hay que hacer, pero el otro es la planificación y previsión de eso. Es como cuando en el trabajo tienes la lista de tareas pendientes y tu coordinador de equipo te indica los plazos de entrega o se encarga de que cuentes con los medios necesarios para hacerlo. Bien, no soy la coordinadora del hogar.

Que haya bastante limpiacristales, controlar que no se haya acabado el detergente, preparar la lectura del contador porque va a venir el del agua, hacer la transferencia a la propietaria del piso... Toda esa labor mental de organización suele recaer en nosotras. Por eso, aunque repartamos a la mitad las tareas domésticas, sigue ahí la otra cara de la moneda. Y a eso se le suma que solemos ser las que recordamos los cumpleaños y a las que siempre nos preguntan «¿Dónde están mis llaves?» o «¿Queda cerveza?». Pues, hijo, no lo sé, la nevera no me manda una notificación al WhatsApp cuando algo se está acabando. Es tan fácil como levantarte y comprobarlo, que la tenemos a la misma distancia.

Y aunque amo a mi madre por encima de todas las cosas, al final me veo recordando que ella lo hacía todo, además de ir a la cocina a averiguar lo que me ha preguntado. Eso causa un agotamiento brutal, hasta el punto de que llego a la cama y veo que mi novio se queda dormido mientras sigo dándole vueltas a las cosas. Claro que me resultaría más fácil conciliar el sueño si hubiera alguien que se encargara de controlar las provisiones, pero como ese alguien soy yo, llega la noche y mi cerebro funciona mejor que las válvulas de un acelerador de partículas. Si al menos estuviera reconocido y me dieran un ascenso en un acto público donde me aplaudieran por lo reluciente que he dejado la vitrocerámica y me llevara un bonus a finales de año... Pero no, la carga mental es un peso silencioso que, como las tareas del hogar, forma parte de ese curro invisible sin remunerar que hay que hacer, pero no produce satisfacción ni se reconoce con ningún mérito. Pero si es él quien se encarga de algo —guisó una vez o bajó la basura dos veces hace un mes—, no solo tengo que montarle una fiesta por su tremendo esfuerzo, sino que es mejor que no reclame nada más porque, claro, está muy cansado. Y me recordará semejantes proezas con la misma pasión con la que se cuentan las batallas de Aquiles en Troya.

El resultado de esto —de las quejas recibidas por parte de él, que prefiera cómo queda todo cuando me encargo yo o que siga replicando comportamientos que vi en mi casa— es que termine con un agobio y un estrés que, aunque no me dé cuenta, acabe repercutiendo en la relación. ¿La solución antes de que esto se convierta en drama y me plantee pasar por la farmacia a por un(os) ansiolítico(s)? La corresponsabilidad a la hora de ejecutar y planificar. La alternativa, las discusiones constantes, es más tediosa que coger la escoba y barrer las pelusas del suelo.

¿Te recuerda a alguien lo de que «Soy la responsable y tú la persona de la que debo ir detrás»? ¿No? Es el síndrome de Wendy, del capítulo del enamoramiento, ¡claro! También lo podemos aplicar aquí, porque es lo que nos pasa a las que asumimos el rol de cuidadoras y responsables de la organización. Pero te recuerdo que en la película Wendy acaba hasta las narices de ir detrás de Peter y zurcirle los agujeros de los calcetines, así que se vuelve a Londres. Intentemos evitarlo. Si nos corresponsabilizamos, viviremos la relación como iguales comprometidos e implicados con las tareas. Y créeme, eso me parece lo más romántico del mundo.

2

A VER CÓMO TE DIGO ESTO DE TU FAMILIA...

Ni todas las clases de yoga del mundo ni un retiro espiritual haciendo *mindfulness* de la mañana a la noche habrían sido capaces de prepararme para las familias políticas que me he encontrado. Así que vamos a intentar llevarnos bien.

Por lo pronto, me niego a que una potencial suegra vuelva a acusarme de que su hijo se ha quemado porque no he estado pendiente de echarle crema solar. No, no he estado pendiente. Pero de la misma forma que él no se ha preocupado de que yo renovara cada cierto tiempo mi factor de protección. Si tienes el suficiente desarrollo intelectual como para descargarte ese videojuego pirata en el ordenador, creo que también te puede dar para que caigas en que, sin crema, te quemarás.

Lo mismo me pasa con el nivel de tolerancia que he puesto en práctica cuando me comentan que a ver si aprendo a preparar su receta favorita. No me imagino ni en un millón de años a mi madre diciéndole al novio con el que he salido más tiempo que a ver cuándo se ponía las pilas y aprendía de una vez la receta de la lasaña para cocinármela en casa. No entra en mi cabeza, punto. Tengamos la fiesta en paz. Podemos ir un domingo con los tuyos y otro con los míos. Si quieres, con el tiempo, incluso podemos hacer que cada uno vaya a casa de los suyos y aquí paz y después gloria. Eso sí, no creas que voy a llevar bien lo de que vayamos a casa de tus padres y me tenga que levantar a recoger la mesa mientras tú te bajas a dar una vuelta para hacer la digestión. Buenos días, sí, seguimos en el siglo XXI, no en 1950.

Pero como pensar que esto es algo solo de suegras es una opinión bastante machista y este libro va justo de lo contrario, vamos a suponer que puede darse tanto con tu padre como con tu madre, incluso con ambos. Lo cierto es que ninguno de mis suegros se ha preocupado nunca de si le había puesto crema solar a su hijo porque no es algo de lo que ellos hayan tenido que hacerse cargo. Tampoco de recogerles las camisetas sudadas del suelo para poner una lavadora.

Lo que puedes hacer es preparar a tus padres para el momento de conocerme. Que no, que no me pregunten si vamos a casarnos o si queremos tener hijos. Que no empiecen con la historia de que se me pasa el arroz. Mejor que no quieran saber mi opinión política si no están preparados para escucharla. No llevo sujetador porque no me da la gana. Y si no como animales, por muy ricos que le queden los filetes encebollados, no voy a hacer una excepción, aunque se pongan muy insistentes.

Cuidado con lo que cuentas. Si entras en que hemos tenido una discusión, al menos que sepan la historia completa. Que tus calzoncillos estaban a punto de rozar el calificativo de arma química cuando los encontré. Y que si me puse así fue porque la biomasa que estaban formando llevaba una semana en proceso de cultivo. Como gran defensora de que cada pareja es un mundo, mi sugerencia es que no se metan. Pero ni ellos ni nadie. De lo que sucede entre los dos, todo lo que contemos estará condicionado por nuestro punto de vista. Es decir, por mucho que nuestro entorno intente ser neutral, siempre simpatizará con el que cuenta la historia. Claro que tus padres pueden ejercer de apoyo y consuelo, pero sin cruzar la línea de nuestra intimidad y sin liárnosla todavía más parda que la que ya tenemos montada.

Es bastante tenso tener suegros que se mueven por tu piso como Pedro por su casa, abriendo la nevera o echándose la siesta en tu cama. La confianza está bien, pero que entren en la habitación cuando aún estamos desnudos después de echar un polvo puede resultarme un poco —un poquito solo, ¿eh?— incómodo. Ahí tienes que frenarles los pies y procurar que entiendan que, por madre o padre que sean, hay ciertos límites. Aquí entra tu madurez emocional, dejar claro que has escogido estar conmigo, que yo también soy ahora tu familia y que, por mucho que agradeces su opinión, es cosa nuestra. Me hace sentir apoyada que des la cara por mí ante comentarios subidos de tono o si sueltan una indirecta embarazosa. He encontrado suegras potenciales que enseguida proclamaban que me «estaban cuidando» ahora para que yo hiciera lo propio cuando ellas fueran mayores. Alerta, spoiler: son tus padres, puedo dar apoyo como pareja, pero no voy a asumir un trato hacia ellos como el que daría a los míos (a no ser que la relación con ellos derive en eso, en cuyo caso seré la hija que nunca tuvieron. Os quiero, suegris).

Y sí, es un buen momento para que les digas que, si alguna vez tenemos hijos, llevarán mis apellidos.

3
SON MIS HIJOS Y LLEVARÁN MIS APELLIDOS

Hay una frase que me apasiona de las series y películas: «No negociamos con terroristas». Con el apellido de mis futuros hijos pasa lo mismo, no hay negociación posible. Llevarán los míos.

Ahora es probable (y normal, ojo) que te preguntes por qué, si aún no nos hemos conocido, te vengo con estas. O incluso por qué estamos en ese punto en el que ni nuestros amigos más cercanos saben que ya no estamos en el mercado. Si saco el tema es porque quiero evitar(nos) desacuerdos en el futuro y poner ya las cartas sobre la mesa. Y en mis cartas los cuatro palos llevan mis apellidos; el nombre podemos pensarlo entre los dos. Para mí, la lógica es tan simple que no sé ni por qué tengo que dedicarle un capítulo. Esa criatura ha salido de mi vagina después de nueve meses alimentándose a través de mi sistema circulatorio y alejándome por completo del *sushi*. Desde el año 2000 es posible que el apellido de la madre se ponga en primer lugar, pero, por inercia, se seguía anteponiendo el del padre. En 2017 la prevalencia desapareció, y ahora te preguntan tu preferencia en el Registro Civil.

Así que aprovechando que estamos hablando de futuros hijos, es el momento de desmontarte algunos de los argumentos que he oído cuando he dicho que querría que llevaran mis apellidos. «Que siempre se haya hecho así» no significa que deba seguir haciéndose del mismo modo. Hasta que empezaron a usarse los motores de combustión, siempre se había ido a caballo. Y hasta que no se inventaron las compresas, las mujeres usaban toallas, pero creo que pocas quisieron seguir poniéndose pedazos de tela que tenían que lavar en un arroyo cuando tuvieron a mano una alternativa más fácil. Esto es lo mismo. El peso de las costumbres pasadas está ahí, pero no tiene que determinar el futuro. Si para ti «no hay necesidad» o «no cambia nada», déjame decirte que sí, que cambia mucho que nada más nacer tu hijo lleve el apellido de la madre porque tiene el mismo peso que el del padre. Al poco de salir del útero, estás haciendo política: si tanto quieres y defiendes que las mujeres pueden ocupar el primer lugar, empieza por tu carne. Pero si lleva el de la madre, «es como si llevara el del abuelo». Sí y no, porque si bien nuestras madres recibieron por inercia el de sus padres, ellas se apropiaron del apellido y lo hicieron suyo.

Yo soy Mariño por un abuelo Mariño, pero sobre todo por mi madre Mariño. Por sentirme más Mariño que García fui al Registro Civil y decidí llevar el de mi madre en primer lugar. Con ese apellido he desarrollado mi carrera, me han llamado amigas, novios, médicos y hasta profesoras cuando me gradué en el máster. Lo que importa es el gesto reivindicativo de que es tan mío como lo fue de mi abuelo, bisabuelo o tatarabuelo.

Puedo entender que hace años se utilizara el apellido del padre. Las mujeres poco podíamos buscarnos la vida sin un hombre al lado. El apellido garantizaba que esa criatura estaba reconocida por un miembro de la familia con capacidad económica suficientemente holgada como para sacarla adelante, aunque no siempre fuera así. Hoy, con nosotras moviéndonos por el mercado laboral —sí, incluso con nuestra brecha salarial—, las mujeres también somos capaces de mantener a un retoño gracias a nuestro sueldo. Aquí entraban otras cuestiones, como el hecho de que si una mujer tenía varios hijos con distintos hombres, el apellido paterno diferenciara a sus padres. Pero ¿no tiene más sentido que lleven, en vez del que les distingue, el que les une, el de la madre? A fin de cuentas, han salido de una única vagina. La fábrica manufacturera es la misma.

Y es que esa es otra, poco se habla del colosal esfuerzo que supone traer hijos al mundo. Cuando te sacrificas hasta el punto de que no puedes volver a aguantarte el pis hasta mucho después del parto, porque te han dejado la entrepierna como a Frankenstein y tu suelo pélvico tiene la tensión del chicle mascado, eso no puede compararse con lo que se involucra el padre. Imposible poner al mismo nivel caerme al suelo sobre mi propio vómito por la fuerza de las contracciones que el hecho de que mi pareja se corra en cinco minutos sin despeinarse.

Además, piensa que, como fue mi caso, si en un futuro tu retoño quiere cambiar el orden y ponerse tu apellido primero, no tendrá ningún problema en hacerlo. Pasé por el trámite y no me llevó más de un par de horas entre trayectos en metro y esperar a que llegara mi turno. Eso sí, una vez se elige, si viene más de un hijo, el otro tendrá que llevar el mismo. Es decir, la opción de jugar al modo *shuffle* no podemos usarla. Los apellidos del primero marcarán el orden del siguiente (o siguientes, si nos ponemos a ello más veces).

Y eso en el caso de que tenga hijos. Porque por ser mujer no tengo por qué tenerlos. A lo mejor solo quiero tener gatos o prefiero centrarme en mi trabajo. Lo de que la maternidad es nuestro destino, según contaba Freud, tiene la misma validez que la afirmación de que los celos son la prueba definitiva del amor.

4

NO, CARIÑO, LOS CELOS NO SON ROMÁNTICOS

Antes de empezar una relación monógama de pareja, quiero dejar claro que si entra David Beckham por esa puerta y quiere llevarme a cenar y lo que surja, esa noche estoy soltera.

Pero más allá de esas celebridades con las que haríamos la vista gorda si se diera el caso —cariño, ¿cómo voy a ponerte una sola pega si te hace una *booty call* Scarlett Johansson?—, te adelanto que no tiene sentido que te pongas celoso por nada.

Ni siquiera, ni siquiera, si quedo con un ex. A ver cómo te explico esto antes de que sueltes el libro. Soy la que soy por haber estado en relaciones pasadas. Hay exnovios a los que no quiero ver ni en pintura a no ser que estén sentados en una catapulta orientada a un volcán (en cuyo caso me pido butaca en primera fila) y otros con los que mantengo una relación amigable. El amor no ha funcionado, pero eso no quita que podamos tener una bonita amistad y nos guste saber del otro poniéndonos al día delante de un café. Fin.

Como todo en este libro —perdona si me repito más que el ajo—, esto funciona en los dos sentidos. ¿Que tienes una ex con la que mantienes muy buen rollo y te apetece saber cómo le va la vida? Vía libre para que os veáis. Si son personas a las que tenemos cariño, ¿por qué no dejar que formen parte de nuestra vida? No me casaría con las salsas de trufa porque a la larga no funcionaríamos, pero me apetece probarlas de vez en cuando. Joder, con esto no digo que quedar con el ex signifique catarlo. Se me ha ido la metáfora de las manos. Bueno, me has entendido, no te pongas celoso.

Es que de verdad que los celos son lo peor del mundo. No me van a parecer nunca tiernos ni románticos. Si verme hablar con otra persona desencadena en ti una furia irracional, permite que te diga que ni esto es la selva ni eres un oso grizzly. Razona. Puedo hablar, escuchar y reírme sin que esto signifique nada. Es más, habrá noches en las que saldré de fiesta y tendré algún admirador que intente arrancarme la cuenta de Instagram de las manos. No pasa nada, que no cunda el pánico. Seguro que tú también recibes ese tipo de atención —venga, los dos sabemos que triunfas más que una pizza en una fiesta—. ¿Tiene sentido que salte desde la otra punta de la sala y me lleve a la chica que te ha preguntado que, además de ser leo, cuál es tu ascendente? Ninguno. Hay que conocer gente, divertirse, pasarlo bien, pero, sobre todo, confiar.

Los celos se han idealizado porque forman parte de los mitos del amor romántico («Tener celetes es bueno», «Voy a provocarle celos, a ver cómo reacciona»…). Debemos dejar de vivir las relaciones de pareja como un tormento en el que siempre tienen que estar ocurriendo dramas y vaivenes. ¡No! Una relación sana se caracteriza por la tranquilidad, por mirar a la otra persona y sentir que podrías confiarle tu vida si de él dependiera sacarte de una piscina llena de tiburones.

De hecho, hay personas que ven la inexistencia de ellos como algo negativo. Es una de las premisas que más gracia me hacen de cierto *reality show* de Telecinco: hay quienes dicen querer ver a su pareja con otras personas para comprobar si les despierta algo, porque si no aparecen esos sentimientos es que no están enamorados de verdad. No, no sentir celos no es ausencia de amor, no sentir celos es tener los niveles de confianza a la altura de un satélite, lo cual es perfecto. Con esto no digo que no debas sentirlos, son una emoción más, la cosa es qué haces con ellos. Porque los celos son como cuando vas a un concurso presentado por Carlos Sobera: siempre sabe más de lo que revela. Quizá te quieren avisar de que sientes inseguridad. A lo mejor son el indicativo de que no debes olvidar que tu pareja no te pertenece. O lo mismo es porque sientes una amenaza y la solución es comentarlo en vez de volverte loco. Pero dejarte llevar por ellos a tontas y a locas, sin analizarlos ni trabajarlos, solo consigue abrir la puerta a una tragedia que ríete tú de las obras teatrales de la antigua Grecia.

Habrá momentos en los que algunas de esas personas —o un compañero del trabajo o la profesora de inglés— nos parecerán atractivas. Es evidente. Tenemos ojos en la cara y un gusto increíble (por eso estamos juntos). Pero eso no significa que vaya a pasar algo. Al final, lo importante es tenerlo claro. Y si alguien intenta cruzar la raya, hay que coger el toro por los cuernos. Vale, este símil tampoco me ha salido muy allá. Me refiero a que si se da el caso es el momento de decir cómo nos hace sentir eso y que quien recibe la atención le ponga remedio. Eso lo aprendí a fuerza de liarla parda cuando uno de mis ex, que era entrenador personal, empezó a recibir fotos de una clienta suya en bragas, aparentemente enseñándole el progreso físico. Yo la teoría la tenía superclara: que se ocupase él. En la práctica le escribí un mensaje llamándole de todo y luego me arrepentí. ¿Sororidad? No encontrada. Yo no soy quien tiene que hacer algo. Si diciéndote cómo me siento no llegamos a una solución con la que los dos estemos de acuerdo, el problema es mío. Nunca de ella.

Sexta Parte

LA BELLEZA

Puede que, al poco de empezar la relación, me oigas quejarme de la esclavitud que es trabajar como periodista, siempre pendiente de la actualidad, de la última ocurrencia de los universitarios machistas de turno o de la campaña contra la violencia de género peor planteada de la historia. Pero no es la única «condena» que llevo a la espalda (permíteme activar el *drama queen*: modo *on*).

Estoy obligada a ser guapa y delgada. Y me aleccionaron desde pequeña las princesas Disney: siempre estilizadas y elegantes, con melenas larguísimas y ojos gigantes. Por otro lado, Úrsula, la Reina de Corazones o Cruella de Vil eran la clase de mujeres a las que no me quería parecer. Más que nada porque eran poderosas, pero estaban solas. Ahora lo pienso y me parecen las verdaderas heroínas de esas historias. Pero en aquel momento en que las veía como representación de todo lo negativo, la apariencia entraba en el juego. Vamos, que ni se me ocurriera coger unos kilos de más o tener canas. Esto de escoger cualidades superficiales y darles una connotación negativa se conoce como «violencia estética», y lo tiene todo: es gordófoba (no existen cuerpos más allá de los delgados y bien proporcionados), sexista (se exige casi siempre a las mujeres), racista (cualquier otra etnia que no sea la caucásica es invisibilizada) y «edadista» (lo mismo pasa al cumplir años, con la consecuente aparición de manchas o arrugas, detalles que solo aparecen en las villanas).

Que solo exista un modelo de belleza donde encajar hace que, si no perteneces a él, puedas terminar desarrollando problemas de salud mental como la bulimia o la anorexia, pero también la ortorexia (que es lo que le pasa a tu amigo, a ese que está tan obsesionado por comer sano que se niega a comer hasta una fruta escarchada del roscón de Reyes, por muy fruta que sea). Como respuesta a ese canon, las mujeres nos operamos para que desaparezcan todos los «defectos». Y ni siquiera son cosas anormales del cuerpo, al contrario. Tener estrías, granos, poros abiertos y demás no son defectos. Un defecto es no saber calcular la proporción correcta de agua y arroz para que no quede más seco que el talón de un *runner* o navegando en una sopa blanquecina, pero lo demás es el cuerpo en su absoluta normalidad.

Fíjate si tenemos la cabeza comida con este tema que la encuesta que realizó entre 2017 y 2018 la Sociedad Española de Cirugía Plástica Reparadora y Estética (SECPRE) reveló que un 83,4 por ciento de las personas que se habían hecho intervenciones eran mujeres. Y el aumento de pecho o la liposucción eran los procedimientos más solicitados. Se nos ha salido de madre el «Saca pecho y mete barriga» de Ana Obregón. Solo un 16,6 por ciento de la población que se realizó operaciones estéticas eran hombres, y aunque el número va en aumento, sigue siendo algo que nos afecta más a nosotras.

En este sentido, las Kardashian han sido las que más abiertamente han hablado de sus operaciones, convirtiéndolas en una actividad casi tan normal como irte con una amiga a por un capuchino. Las mismas que encabezaron la silueta *hourglass* o reloj de arena se han pasado ahora al *heroin chic* al retirarse todos los implantes y perder peso de forma drástica. Una delgadez que, veremos, pasará factura dentro de nada a las demás, y muchas las seguirán sin pensárselo dos veces. Esta fijación por parecernos a mujeres que se llevan el título de la «más sexy del planeta» hace que seamos más propensas a padecer trastornos de la conducta alimentaria (nueve de cada diez casos son de mujeres, según la Sociedad Española de Médicos Generales y de Familia, SEMG). Y además mujeres que están entre los doce y los treinta y seis años.

Sí, has leído bien, doce años. Niñas, vamos. Es una edad en la que lo único que debería preocuparte es la canción para la que te inventas una coreografía que bailarás en la comida familiar. Pero estás dándole vueltas a que tu cuerpo no es como el de las imágenes que te rodean, hasta el punto de que seis de cada diez chicas adolescentes creen que serían más felices si estuvieran más delgadas, y alrededor del 30 por ciento muestra conductas patológicas, como indica la SEMG. Esto debería servir como recordatorio de que la anorexia es la enfermedad mental con mayor tasa de mortalidad, por encima de otras como la esquizofrenia o el trastorno bipolar, según la Fundación Cofares y la Fundación FITA.

La guerra contra el cuerpo no es ya solo el ideal de belleza, sino cómo debemos mostrar nuestra feminidad. Y para eso hay que sacar la lista de todo lo que se considera «de mujeres». No hay mejor ejemplo que uno de los últimos estudios de Phillips, que reveló que casi el cien por cien de las mujeres se depilan alguna parte del cuerpo. ¿Nadie va a plan-

tearse la cantidad de tiempo que le dedicamos? Encima, según el mismo estudio, para el 34 por ciento de ellas la depilación es un factor que les permite sentirse guapas y seguras de
sí mismas. Y tú dirás: pero ¿qué culpa tengo yo en todo esto?
La misma que nosotras, ninguna. Pero hay algo que puedes
hacer y que está en tu mano: aceptar la belleza en todas sus
variantes, colores y tamaños, enamorarte de dentro hacia
fuera y respetar sin un comentario de reprobación, una mirada de asco o un juicio como «¿En serio vas a comerte todo
eso?». Porque la respuesta es sí.

1
NUNCA ME QUITES LA COMIDA (AVISADO ESTÁS)

Mantengo una relación muy especial con la comida: la adoro. La disfruto hasta llegar al punto de que soy una firme defensora de la regla matemática según la cual el número de postres debe ser el de los comensales más uno. Y me ha costado mucho llegar a ese punto de aceptación de que no quiero vivir una vida en la que tenga que decir «No, gracias» cuando el camarero me pregunte si quiero que me cante los postres.

Hace años, quedar para comer en una primera cita era una pesadilla, una mezcla entre *Ven a cenar conmigo* y *Humor amarillo*. Cualquier plato podía ser traicionero y tumbarme como candidata si de repente protagonizaba la imagen del churretón de kétchup de la hamburguesa que caía por mi mano. En el mundo de las citas, parece estar especialmente bien visto pedir una ensalada. «Mírame, soy supersana. Me gustan las verduras crudas bien aliñadas». Aunque la posibilidad de terminar con un trocito de lechuga iceberg entre los dientes también la sacaba de la lista. Al final, platos como un carpaccio o una pasta (tortellini, los espaguetis tampoco me parecían de fiar) se postulaban como la mejor opción para comer delante de mi cita sin que se asustara.

Con el tiempo llegué a dos conclusiones: estaba pagando

por cenas que ni llegaba a disfrutar y, encima, solía comer más que ellos, pero me cortaba para que no lo descubrieran. Y la verdad, no me apetecía seguir fingiendo que no quería esa última croqueta cuando tenía más ganas de hincarle el diente a ella que a mi acompañante. Cuando me liberé de esas dos autoimposiciones, descubrí un mundo nuevo: el mundo de ir a restaurantes y pedir lo que quisiera sin preocuparme por nada que no fuera ofrecerle a mi estómago una experiencia inolvidable y, si eso, pasar un buen rato con el chico de turno. Así que las últimas veces, cuando nos ofrecían la posibilidad de poner un punto dulce a la velada y él aseguraba que estaba lleno, yo ya no tenía ningún problema en decir: «Pues yo sí. ¿Me dices qué tienes que sea casero? No hace falta que traigas dos cucharas». Porque esa es otra, si tan lleno estás, ¿qué es eso de que tenga que compartirlo? Con lo que me gusta comer, disfrutarlo ha sido una de las batallas que me ha ayudado a librar el feminismo: aprendí a hacer caso a lo que quería en vez de preocuparme tanto por lo que pudiera pensar él.

Recuerdo estar en unas fiestas de pueblo con el hambre que te produce llevar más de una copa encima y que el camarero del bar nos sacara el típico *mix* de frutos secos. No era un platito, era el bidón de plástico tamaño contenedor que les traían al por mayor. Una alternativa que por lo visto en Toledo parece de lo más normal, para que todos los de esa mesa pudiéramos coger frutos secos. Siendo las cuatro de la mañana, con la pájara del estómago en el que solo se mezclaban cervezas y vino dulce, y la posibilidad de comer algo que me mantuviera entonada, me tiré a los frutos secos en plancha. No me bañé en ese recipiente porque una está hambrienta, pero disimula. Nunca se me olvidará la imagen de los amigos del grupo de mi ex peleándose, empujándose y tirándose al suelo, y yo en la mesa abrazada a ese cubo tamaño barrica, buscando los cacahuetes del *mix* sin molestar a nadie.

En esto, mi ex, claro ejemplo de compostura, decoro y buenas maneras, como si no hubiera salido de ese *pogo* improvisado donde empezaba a volar algún puñetazo, me dijo que si no había comido bastantes frutos secos. En aquel momento decidí desarrollar sordera temporal y seguir comiendo. Al rato volvió para quitarme el recipiente de las manos y devolverlo al dueño del bar. Aquella traición hizo que al día siguiente, una vez recuperada del clásico *jet lag* que desarrollas en las verbenas de pueblo, le dijera que ni se le ocurriera volver a llamarme la atención delante de nadie por lo que estuviera comiendo y menos aún quitarme la comida. Si quiero inflarme a cacahuetes, nadie tiene que prohibirme ese gusto. A lo mejor me muero de hambre, puede que sean mis *snacks* favoritos o lo mismo me apetece comérmelos y punto. Sea lo que sea, no necesito un hermano mayor que decida por mí como si fuera una niña pequeña. Por suerte, no volvió a hacerlo.

Algo tenemos las mujeres cuando comemos alimentos altos en grasas o azúcares que despierta un deseo paternalista en los hombres. Más de una vez que he ido por la calle comiendo una palmera de chocolate o unas galletas he oído algo del tipo «Cómo te estás poniendo», acompañado de una sonrisita cómplice. Si vamos por la calle comiendo una mandarina nadie nos dice nada, aunque se nos queden las manos oliendo a perfumería durante horas. Nadie. Porque la mandarina o la ensalada son esos platos o alimentos que, bajo el prisma masculino, siguen haciendo de nosotras mujeres deseables. Que nos dé por meternos un cruasán entre pecho y espalda puede granjearnos un comentario aleatorio del estilo del de ese tío de la calle porque, indirectamente, alguien quiere hacernos saber que, de seguir por ese camino, quizá dejemos de parecerle atractivas. Aunque no nos lo diga de manera explícita, solo faltaría. Cuando un desconocido nos hace un comentario así, resulta más incómodo que cuando salimos de fiesta con un mono y nos entran ganas de hacer pis. Dejadnos comer lo que nos dé la gana, primer y último aviso. Pero si encima el comentario viene de nuestra pareja, la persona a la que queremos y con quien se supone que tenemos más confianza, la frasecita puede llegar a enquistarse.

Esa experiencia me marcó hasta el punto de que, viviendo juntos, si me terminaba algo de la reserva conjunta de dulces, prefería eliminar las pruebas del delito en papeleras de la calle (y reponer el paquete de Reese's) antes de que descubriera que me lo había terminado y me dijera algo. Desde que nuestra relación acabó, no he vuelto a comer a escondidas, porque no me juzgo. Sé que no es el alimento más saludable de la vida y que Carlos Ríos podría ponerme en la lista negra, pero quiero vivir tranquila en un equilibrio entre la salud física y la mental. Y poder comerme la nevera entera si me da el antojazo de la regla. Así que si cuando llegue el momento de pedir postre quieres uno y que probemos de ambos, bien. Si no quieres postre, asume que yo pediré, y si me quiero tomar el trozo entero de pastel, no lo compartiré. Lo digo en serio, aparta esa cuchara si quieres conservar los cinco dedos de la mano. Y si me apetece otra onza de chocolate voy a ir a por ella; eres mi pareja, no mi nutricionista. Gracias.

2

SIN PELOS EN LA LENGUA, PERO SÍ EN OTRAS ZONAS

Estaba en la cola de la charcutería con un ex, esperando para comprar jamón, cuando de repente me soltó: «Tienes pelos en el bigote». Podía haberle contestado que se los podía prestar para sus entradas de la frente, pero me quedé paralizada. Que tenía bigote era algo que sabía desde los trece y llevaba desde ese momento intentando ocultarlo con la depilación a base de pinza. Me había relajado y había descubierto mi secreto: a las mujeres nos salen pelos.

El tema del vello corporal es casi tan místico como la creación del universo o el sentido de la vida. ¿Por qué salen los pelos? ¿Qué quieren? ¿A dónde van cuando se enquistan? No lo sabemos, pero tenemos claro que una y otra vez nos empeñamos en arrancarlos, quemarlos, cortarlos o teñirlos para que parezca que no están. Pero lo cierto es que sí, en mayor o menor medida, todas tenemos pelos. Circulan un montón de mitos alrededor de ellos: que si son antihigiénicos, que si huelen mal…

Es más, es probable que el tío que nos da la chapa sobre la falta de higiene que supone llevar la sobaquera con pelusa tenga alguna miga de pan en la barba y el bigote manchado del café de la mañana. Es el mismo tío cuyas uñas de las manos están tan negras que parece que haya hecho alfarería (alerta, spoiler: no, tampoco tiene una sobrina con la que ha estado jugando con plastilina). Pero por mucho que Javier vaya de simpático y nos asegure que nos lo dice por nuestro bien, lo cierto es que quiere, como la sociedad, que nos encerremos en el baño —porque esa es otra, la depilación siempre a escondidas, no sea que perdamos la magia de ser mujeres y ya no les parezcamos atractivas porque nos han visto gruñir como un jabalí cuando hemos retirado la tira de cera fría de la ingle— y pongamos remedio a esa pelusa que nos recorre el cuerpo.

En este sentido, debo admitir que la pornografía me afectó también a través de mis ex. Cuando en mis primeras experiencias sexuales me miraban con sorpresa porque tenía pelo, no entendía nada. ¿Por qué no iba a llevarlo, si me salía ahí? Viendo vídeos porno caí en la cuenta de por qué esperaban que tuviera la entrepierna como antes de la adolescencia. Lo cierto es que parece que los tíos sienten un fetichismo inconsciente —aprendido, por supuesto— hacia las niñas pequeñas.

Las mujeres no podemos tener pelos ni menstruación, nuestro cuerpo debe ser liso como un espejo, oler siempre a flores y la vulva ha de ser una zona aséptica, como antes de la pubertad. Pero las mujeres tenemos pelos, granos, estrías por el desarrollo y celulitis por el cambio hormonal tras la adolescencia, y cuando hacemos deporte olemos a cebolla. Igual que los hombres. Está en la libertad de cada una decidir si depilarnos o no, si queremos dedicar tiempo a eso en vez de a ver la última temporada de *Bridgerton* o si nos depilamos a cachos. Lo suyo es que nos sintamos cómodas.

He de confesar que mi relación con la depilación ha pasado de traumática a mucho más laxa. Cuando en los años de universidad me daba cuenta de que tenía las piernas sin depilar del todo, me las ingeniaba para cambiar de postura y ponerme en la pose más rara e imposible —con el bolso encima o la chaqueta tapando esas zonas estratégicamente— para que no se viera nada. Como si alguien fuera a prestar atención a eso... Incluso los brazos se vieron afectados desde muy temprana edad, pues un compañero de clase empezó a tirarme de los pelos y a decirme que me depilase, y un primo me hizo el comentario de que si los pelos no eran rubios, mejor quitarlos. Con tantos *inputs* a lo largo de la vida, una llega suplicándole a su madre que la deje entrar en el club de las adultas que se depilan. Y la buena mujer, que la ve todavía niña con sus trece o catorce años y sabe que será una condena para el resto de su vida, le pide que espere, le dice que es preciosa, que es natural que tenga pelos y que no pasa nada. Pero la vergüenza y la presión que genera que esas situaciones se repitan es más fuerte y las dos apechugan. Llevo apechugando más de la mitad de mi vida, y no ha sido hasta quedarme soltera cuando he decidido tomármelo con más calma.

A los treinta años, depilarme me da una pereza inmensa. Así que no entra en mis prioridades —a excepción del bigote; me encantaría verme guapísima con él, pero de momento no es el caso—. Sigo pensando que me parezco a mi abuelo cuando se dejó el bigotillo después de la mili. Ojalá llegue el día en que esté lo bastante deconstruida como para que no me importe y luzca el vello que me sale encima del labio con el mismo orgullo y tranquilidad que él. En cambio, dejarme crecer el pelo del pubis fue casi una revelación, mi propio nirvana corporal. Algo cambió en mí cuando me vi por primera vez desnuda con el vello púbico algo más crecido de lo habitual. Aquella sombra negra me parecía salvaje, indómita, poderosa y supernatural. Era como tener un misterio entre las piernas. Un agujero negro, pero de verdad. Me sentí mujer, adulta y con deseo. El deseo de frotar contra esa almohada de pelo un buen pene y disfrutarlo sin vergüenza. Sin taparme. La sorpresa llegó cuando nadie se escandalizaba al bajarme las bragas. No sabía si era que de repente los tíos con los que me acostaba habían madurado y no les molestaba o que se callaban porque lo que les importaba más que los pelos era pasarlo bien y disfrutar el momento. Me decantaba por lo primero hasta que a uno se le bajó la erección por no haber visto nunca un chocho con pelo. Aquello, en vez de hacerme cambiar de idea, me hinchó como un pavo. Sentí que le estaba dando una lección de vida al enseñarle con orgullo un espécimen al natural: el *Connus silvaticum*. Espero que haya visto muchos más desde entonces y no le haya pasado lo mismo. También es verdad que al poco se repuso y su pene se recobró del *shock* por tanto pelo y volvió a la carga. De ese modo comprobé que, incluso dando con alguien que en su vida había visto aquello, y hasta sintiéndose confuso por un instante, si había ganas, había partido hasta con pelo.

¿Cómo no sentirme ahora a gusto, tranquila y orgullosa de mi espléndido matorral? Mi melena larga, tan aceptada socialmente por ser femenina, es para mí un adelanto. Lo que ves arriba es lo que vas a encontrar abajo. Mi pelo es mi reivindicación, me convierte en adulta. Lejos me encuentro ya de sentirme cómoda con los labios rasurados al máximo y expuestos como cuando tenía seis años. Verlo me hace sentir una mujer fuerte y preciosa. Así que ha pasado de ser algo que me daba una vergüenza de morirme a ser parte de lo que me potencia la autoestima.

3

LOS CÁNONES ESTÉTICOS Y LA (IN)SALUD MENTAL

Asumir que no siempre estoy al día con los cánones estéticos ha sido como asumir que no siempre visto a la moda. Habrá veces que lo que me pongo sea lo que se lleva y otras que rescataré un mono setentero de mi abuela porque me apetece sentirla cerca, sin que me importen un pepino las tendencias. Pero sacudirse eso es una liberación inmensa. Más que nada porque todo lo que nos rodea nos enseña cómo debe ser la imagen de belleza que se espera de nosotras.

Los cánones han ido evolucionando con el paso de los años, aunque no siempre tenían en común que fueran difíciles de conseguir. Lo han sido más en los últimos tiempos. Si te das un paseo por el Prado, verás cuadros en los que las curvas están a la orden del día, mujeres de piel muy blanca, sonrosadas y rollizas se pasean con gigantescos culos al aire llenos de hoyuelos. Esas curvas eran sinónimo de salud, de que de ahí saldrían hijos sanos. Vamos, con esas reservas de grasa, tras la lactancia el bebé, si se pone, estará preparado para la maratón de Nueva York. La delgadez vino más adelante, es casi algo nuevo. Porque incluso en 1950 los cuerpos que triunfaban eran los curvilíneos, como el de Marilyn. En los setenta estas figuras más estilizadas empezaron a cobrar fuerza, hasta el punto de que, en los años noventa, la delgadez extrema con Kate Moss como máxima representante dio la vuelta al mundo. Todas queríamos ser como ella y sus compañeras. En el otro extremo estaba Pamela Anderson, también con cintura de avispa, pero con sus famosas tetas botando. Las mujeres que aparecían en televisión y en las revistas eran las más deseadas por hombres y mujeres. El mundo no estaba hecho para la que usara una talla mayor que la 36. La belleza se había aliado con el capitalismo, y las empresas vieron en los ideales un nicho de mercado y se tiraron de cabeza. Desde los vídeos de ejercicio para tener el cuerpo de Cher hasta las dietas milagrosas, las pastillas, etc. Nunca estábamos contentas. Y la última evolución, el siguiente paso de este descontento, ha sido la cirugía estética.

La era de las redes sociales ha cambiado las normas del juego, pero no demasiado. Si algo han conseguido las Kardashian, además de que hayamos aprendido a maquillarnos el *contouring* dibujándonos unos pómulos que no tenemos, es a popularizar la silueta reloj de arena. A golpe de bisturí, eso sí. Solo que han sido tan listas que han logrado monetizarlo diciendo que no es que tengamos que pasar por el quirófano para tener su aspecto, sino que comprando su faja es más que suficiente. Tampoco es necesario que vayamos a ponernos *fillers* en los labios, porque el labial tipo *gloss* de cualquiera de las marcas de las hermanas te hace el apaño. Las Kardashian se han pasado al juego del capitalismo, han sacado partido a sus visitas al cirujano hasta tal punto que, con los beneficios que han conseguido vendiendo sus productos, se podrían pagar operaciones cada día del año durante el resto de su vida.

Ahora parece que se han cansado de esa imagen de guitarra y toca un nuevo cambio. El famoso BBL (*brazilian butt lift*), un culo gigantesco gracias a ponerse implantes, está pasado de moda, así que se han quitado las prótesis. En sus últimas apariciones ya no han sido tan curvilíneas, y de lo delgadas que están casi parece que la talla 0 estaría de vuelta. Lo tremendo es que, a no ser que vivas la vida con hambre, conseguir ese aspecto es casi imposible. Muchas modelos como Bella Hadid han comentado que ni su madre les dejaba comer tarta. ¿Te imaginas a tu madre diciéndote desde niño que no cojas un trozo de pastel? Por supuesto, desde ese momento tendrás una relación complicada con la comida.

La evolución de las aplicaciones de retoques inspiradas en Photoshop han sido clave en este proceso. Todo el mundo puede tener cualquier cuerpo si cuenta con las habilidades apropiadas. Eso sí, en internet. Y además basamos la felicidad en los likes. Si no hay suficientes o no son los que esperábamos, nos hundimos en la miseria. Es por no ser lo bastante delgada o ancha de caderas o no tener las tetas más grandes. Todo por no parecernos a las que se nos cuelan a todas horas en la pantalla del teléfono y que vemos tan distintas a nosotras. Pero a fin de cuentas pasamos tanto tiempo mirando el móvil y recibiendo esas imágenes —y la probabilidad de encontrarnos con Kim en la sección de droguería del supermercado del barrio es tan pequeña— que ¿cómo no creer que esos cuerpos son reales?

Los filtros representan la cúspide de esta locura. Y ojo, debo decir que me encantan los que te borran las ojeras, pero pongo el límite en los que tocan las facciones de la cara. Evidentemente, si veo que me parezco a las mujeres que aparecen en mi teléfono —y que considero guapísimas— será difícil que mi cara me parezca bonita sin ese filtro. Ostras, si hasta hay mujeres que se han hecho una foto de su cara con filtro y se han plantado delante del cirujano a decirle: «Quiero que esta sea mi nueva cara. Aquí tienes mi dinero. Haz tu magia» (bueno, no sé si soltaron justo esa frase, pero en mi cabeza me lo imagino así, ¿vale?). De modo que se ha impuesto un canon de belleza estándar, y la presión es conseguir ese aspecto. El resultado es que, en vez de aceptar tu cara y tu cuerpo, has de tener la nariz minúscula, los labios gigantes, el rostro superafinado —Dios no quiera que tengas mofletes— y los dientes tan blancos que si sonríes en la oscuridad, puedas orientar a un petrolero de vuelta al puerto. Y claro, de repente todas las famosas se parecen porque se han hecho las mismas operaciones. Ya no hay diferencia entre unas y otras, parecen hermanas o primas. Para distinguirlas tienes que ir a los *tags* de la foto donde aparece el nombre encima de cada una.

Esa insatisfacción es como dejar un huevo de oruga plantado en tu cabeza, solo que el huevo no se convierte en una bonita mariposa que lo llena todo de color, sino en una criatura oscura y peligrosa que se te instala en el inconsciente sin que te des cuenta y te genera pensamientos negativos sobre tu cuerpo. Empiezas a comer un poco menos. A entrenar un poco más. A pintarte de otro modo. A ir aún más a la cabina de rayos UVA. A sentirte más a gusto contigo cuando subes publicaciones con el filtro… Todo esto termina contigo cuando te levantas el domingo con resaca, te miras al espejo y te pegas un susto de muerte porque tu piel tiene poros y, de regalo, el grano menstrual de cada mes. Ya se te había olvidado quién eras. Si eres capaz de identificar que te pasa eso y trabajas para aceptarte, es probable que escapes de algo más grave, pero muchas no tienen esa suerte y su salud mental cae en picado. Fíjate si es algo común que, en 2019, había más de sesenta y cinco mil casos de anorexia o bulimia. ¡Casi cinco veces más que en 2011! En teoría, desde 2019, los filtros con los que parece que hayas pasado por una cirugía o tratamiento estético iban a desaparecer. Mmm, ¿tú has visto que haya sido así? Yo tampoco.

Además, esto pasa especialmente a edades muy tempranas. Según un estudio de Dove, antes de los veinte años, a más del 36 por ciento de las mujeres les acompleja su cuerpo y se avergüenzan de algunas zonas. La salud mental no solo es mostrar la realidad tras las imágenes que nos rodean o romper con los filtros que deforman la cara hasta amoldarla a un estereotipo, sino también cortar las alas al discurso que recibimos desde fuera: si no lo consigues es culpa tuya, no te esfuerzas lo suficiente, porque ellas se pasan el día dando *tips* sobre cómo conseguirlo en entrevistas, vídeos en internet de acceso gratuito, libros... La cultura de la dieta a la orden del día. Está al alcance de tu mano desayunar un vaso de agua con algo de apio, como todas las famosas. Yo no sé tú, pero he probado licuados de esos con el apio dentro y ha sido como beber tristeza y desolación.

Este cóctel molotov —el de sentimientos, no el de verduras del zumito *detox*— acaba llevándonos a la obsesión por seguir todas esas recomendaciones (comemos de manera obsesiva, entrenamos de manera obsesiva, nos operamos de manera obsesiva), a la frustración por no tener el aspecto de Kendall Jenner, y nos explota la ansiedad en toda la cara. De repente nos entra un ataque y sentimos que nos vamos a morir, pero no se nos ocurre pensar que es porque llevamos demasiado tiempo comiéndonos todos esos sentimientos junto al apio de las narices.

La solución sería entender que el canon de belleza no existe porque no es algo que se pueda decidir. Pero también no meternos en una relación de poliamor con todas las presiones que podemos encontrar sobre nuestro físico y que se conviertan en complejos. Todas —y todos, venga, también lo digo por ti— somos preciosas y deberíamos valorar a la persona más allá del cuerpo, evitar las comparaciones, hablarnos mejor y tener un espíritu crítico hacia las imágenes que nos rodean.

4
OJO CON MI AUTOESTIMA

Como víctima de *bullying* en el colegio, siempre rayada por el pelo en los brazos o en la cara, o por mi nombre, del que también hacían chistes —*Mara dentro*, por la película de Amenábar, qué original—, la baja autoestima es algo que me acompañó desde la infancia. Pero si encima eres mujer, escapar de ella parece imposible.

Después del capítulo anterior, creo que ahora entiendes el peso de los mensajes de «Depílate, adelgaza, déjate melena y, cuidado, maquíllate...». Nos animan a hacer una serie de cosas cada día de nuestra vida que nos transformen, porque ser una misma no es suficiente. Pero tranquila, tienes todos estos productos que puedes comprar, todas estas revistas que puedes leer y todas estas operaciones estéticas para parecerte (un poco) a un ideal de belleza. Te digo yo que, tal y como están las cosas, si Smartbox dejara de ofrecer viajes y experiencias gastronómicas y se centrara en la industria estética, a nadie se le volvería a caducar una de las cajas regalo.

Y es que no hay nada como el romance entre el capitalismo y el machismo. Convertir a la mujer en un objeto que siempre debe ser bonito es el negocio de un sinfín de empresas que nos venden todo lo necesario para sentirnos mejor. La solución no pasa por meternos en una cueva a vivir alejadas de la sociedad, dejando que el pelo y las uñas nos crezcan hasta que no podamos pelar ni un plátano o sangrando libremente, siendo solo rastreables por el reguero rojo que queda por el bosque porque nos negamos a usar tampones.

En la sociedad de los filtros hay que ser más fuertes que nunca. Sí, operarse está al alcance de cualquiera. También estar morenas, ser más rubias y tener los labios más gruesos y la nariz más pequeña. Pero ¿por qué es necesario? Que sepamos, Irina Shayk solo hay una. No necesitamos más. Pero sí necesitamos una Alejandra Rodríguez, una Isabel García o una Laura Hernández. Porque son ellas las que nos acompañan a diario, las que forman parte de nuestro círculo de amigas, las que nos sonríen cuando llegamos a la biblioteca, las que nos gestionan el paro cuando lo necesitamos porque nos han despedido… Ellas son el núcleo duro. Y no tienen que ser supermodelos.

Si además tenemos la autoestima alta y nos sentimos seguras de nosotras mismas, sabemos lo que valemos y lo que merecemos, es probable que resultemos amenazantes. Que impongamos tanto a nuestra cita que no quiera una segunda. Pero para mí no hay nada como las personas —hombres o mujeres— que nos ven fuertes y siguen dándonos bombo en vez de intentar empequeñecernos. Parece una gráfica a la inversa: cuanto más seguras nos sentimos, menos interesamos al sexo masculino. En cambio, cuanto más inseguras somos, más despertamos su atención.

En mi caso, mi autoestima ni es natural ni vino de serie. La construí a raíz de que uno de mis ex me hiciera creer que valía menos que la restauración del *Ecce Homo*. Con el trabajo de mi psicóloga y mis ganas de reencontrarme, no me volví segura de mí misma, me volví una flipada en el mejor de los sentidos. ¡Por primera vez era capaz de dar importancia a mi criterio!

Que sí, que parece algo básico, pero cuando tu pareja critica todo lo que propones o haces, en cuanto estás sola y tomas decisiones por tu cuenta te sientes la dueña del mundo. Bueno, al menos del tuyo. La autoestima se hace, no se nace con ella. Y hay que tenerla lista al empezar una relación. Quien tenemos delante solo debería fortalecerla, repetirnos que somos capaces, preciosas, una buena persona. Si sus comentarios pueden llegar a tocarla y dejarla por el suelo, debemos proponerle que cambie. Y esto se aplica a comentarios de cualquier tipo.

Uno de mis ex me decía que, como estaba acercándome a los treinta, debería llevar lo que él llamaba «un peinado más acorde a mi edad». La verdad es que no sé cómo llevamos el pelo las mujeres con el cambio de década. Debe ser que, al soplar las velas, te regalan una visita a la peluquería con corte, tinte en color cobrizo, cardado y kilos de laca. Porque todo el mundo sabe que si una mujer lleva el pelo por el culo pasados los treinta está cometiendo un delito a la altura de un secuestro. «Señorita, ¿robó ese ordenador empleando la fuerza?», «Sí, señoría, pero mire qué corto llevo el pelo», «¡Absuelta!». Jamás debemos dejar que nos afecte. Repitamos todas: «Ese. Señor. No. Puede. Conmigo. Y. Su. Opinión. Sobre. Mi. Pelo. Me. La. Paso. Por. El. Bolsillo. De. Las. Bragas» (ya sabes a cuál me refiero). Si sigue por el mismo camino, y por mucho que duela porque hace un *cunnilingus* digno de ir a las Olimpiadas, es mejor estar no ya con otra persona, sino sin él.

Lo que hace bien a nuestra autoestima es que nos valore, que nos tenga en cuenta, que nos diga lo bien que se siente con nosotras o que nos suelte un piropazo (de lo que sea, aceptamos un «guapa» incluso cuando llevamos el moño de estudiar, por mucho que nos veamos horrendas). Sabemos que no somos perfectas —aunque nuestra mejor amiga estaría en total desacuerdo con esta afirmación—, pero siempre produce un cosquilleo en la boca del estómago saber que, para el otro, los somos. Más vale comentario positivo de churri en mano que piropos de desconocidos por la calle volando.

Porque sí, que alguien que no conocemos nos suelte de repente una frase que nos deja desencajadas —por la vergüenza que nos produce el comentario soez, porque ha sido demasiado cerca de nuestro espacio personal o por las confianzas— nos hace sentir incómodas de inmediato. Si encima al contártelo me llamas «exagerada», me da la sensación de que eso que me ha hecho sentir asco no tiene importancia y debo tragarme cómo me siento. Lo que quiero que me digas es que lo sientes por mí, que ha tenido que ser muy desagradable —es decir, empatiza con mis emociones y valida mis sentimientos— y que me preguntes cómo puedes hacerme sentir mejor para que se me pase el mal trago. Eso también es mimar mi autoestima, por extraño que parezca.

5
¿QUIÉN CONVIRTIÓ LA EDAD EN UNA BARRERA?

Tú tienes un privilegio sorpresa con el que ni siquiera contabas. Vas a flipar: tienes derecho a envejecer. Y dirás: «Bueno, eso no es un privilegio, ¿no? Lo tenemos todos». No es que tu padre se haya convertido en una versión ibérica de George Clooney (o eso dice él) y tu madre esté igual que en las fotos de los noventa. La diferencia radica en que si tus padres quisieran protagonizar una película de Hollywood, él podría conseguir el papel de protagonista, pero ella sería una actriz secundaria. Seguramente, la madre de la novia del actor principal. O la abuela.

Cuando veo películas de veinteañeras interpretando a madres me llevo las manos a la cabeza. Por Dios, esa actriz tuvo su primera regla hace seis años. ¿Por qué es madre de dos niños en una película de terror? La obsesión por mantenernos jóvenes, eso sí que da miedo, y no Jason persiguiendo a sus víctimas con una motosierra encendida. Que ellos se dejen las canas es símbolo de madurez, pero si lo hacemos nosotras somos unas descuidadas. Hay discriminación a la hora de aceptar algo tan natural y biológico como el envejecimiento. Es divertidísimo cuando te pones a analizar anuncios de cremas antiarrugas: las mujeres que los protagonizan no tienen ni una arruga. ¡Ni una! He parado el anuncio, he ampliado la imagen y la única línea facial que encuentro es la mía buscando un resto de pata de gallo en la modelo. Claro que puedes decir que funciona… ¡Si la chica venía sin arrugas de casa! ¿Qué clase de broma es esta?

Como la de los anuncios de compresas para pérdidas de orina. Aún no te ha venido la regla, pero ya sabes que cuando tengas el pelo blanco —porque las mujeres de estos anuncios siempre lo tienen, para que te des cuenta de que son mayores, porque tampoco verás ni una arruga— necesitarás una especie de pañal para ese pis juguetón que corre el riesgo de salir a paseo al menor estornudo. De lo que no te hablan es de que uno de cada cuatro hombres mayores de cuarenta años padece pérdidas de orina (y la mayoría ni lo tratan). Porque la imagen masculina es la del hombre siempre deseable, por años que acumule a sus espaldas.

Es lo que llamo el «fenómeno Leonardo DiCaprio». Mientras él envejece, la edad de sus parejas se congela en el tiempo. Es como si tuviera una afección médica que le prohibiera salir con mujeres mayores de veinticinco. Además, los titulares sobre ellos siempre son en positivo. Mírale, posando en sus vacaciones de verano con su novia, que es más joven que su hija mayor. Da igual que la barriga le cuelgue por encima de la cintura del bañador, es un hombre y con eso basta. En cambio, los titulares con nosotras no son tan clementes. El tono es más «Fulanita demuestra que está fantástica a los cincuenta años» o «referentes admirables». No verás *rankings* de ellos en esos términos.

Ellas «desafían el tiempo», ellos «mejoran» con su paso. La mayoría de las noticias que encontrarás hablarán de sus carreras o de su ajetreada vida sentimental. Porque, claro, da igual que Jason Statham tenga cincuenta y cinco años, Brad Pitt casi sesenta, Tom Hanks se acerque a los setenta o Robert de Niro tenga casi ochenta. No les faltará trabajo, seguirán en una posición de poder y prestigio acompañados de mujeres jóvenes y con una vida sexual más movida que cuando le regalas un cojín a un cachorrito. ¿Qué les queda a Michelle Pfeiffer, Kim Basinger o Andie MacDowell? Ya te lo digo yo: anuncios de cremas antiarrugas, de compresas para pérdidas de orina o el papel de la abuelita.

O el de bruja fea y amargada. Que hay una representación muy simplista de la mujer mayor lo sé yo, lo sabes tú... y Disney lo sabe mejor aún. O la abuela es esa mentora que apoya a Vaiana para que vaya a darse un chapuzón o es la que quiere cargarse a Blancanieves por ser más joven y guapa. Pero es lo que pasa cuando el valor de las mujeres está asociado a la belleza. El nuevo rol es secundario y tiene muchos estereotipos. Son débiles, torpes con la tecnología y a nadie le preocupan sus necesidades, pensamientos o proyectos vitales. Su vida se supedita a los otros para lo bueno y para lo malo (quitando las pelis de Meryl Streep, una de las pocas excepciones que aún obtiene papeles en Hollywood). No solo nos representan menos y terminamos invisibilizadas, sino que encima nos representan mal. Porque algo de lo que no se puede hablar es de su vida íntima. No tienen sexualidad para nada. A lo mejor si la bruja se hubiera follado al príncipe no sería tan gruñona en la película.

Pero, claro, lo de salir —o follarte, como hipotéticamente me imagino a la bruja— con un tío más joven no está superbién visto. ¿Recuerdas la caña que le han metido a Madonna con lo de que sale con jovencitos? ¿O el escándalo de Olivia Wilde con Harry Styles? Supongo que es porque esto no les funciona a esos señores mayores cuando se dan cuenta de que mujeres más jóvenes tampoco tienen interés en ellos y prefieren a otros. Ah… Pues no haber abierto la veda de salir con gente que tiene menos años. Si ahora también queremos participar, no es justo que se nos critique. O relaciones con diferencia de edad para todos o nada.

Te das cuenta de que el machismo se ha aliado con el edadismo —discriminar a una persona por ser mayor— cuando empiezan a ponerse de moda los tratamientos estéticos para mantener el chichi siempre jovenzuelo y lozano. Sí, la vagina, como músculo del cuerpo, se atrofia con la edad, y mantenerla activa depende de muchos factores, a diferencia del clítoris, que ni cambia ni pierde ninguna de sus ocho mil terminaciones nerviosas (¡hurra!). Puedes mandar a tu vagina de vacaciones hasta el fin de tus días, que seguirás recibiendo placer si te vas de visita al clítoris. Pero ¿quién se beneficia de que la vagina esté siempre a punto, como un coche que pasa la ITV cada año? Pues el mismo grupo de personas que recibe más placer a través de la penetración. Sí, me refiero a los hombres, por si no lo habías pillado. La solución estaría en dejar de ver el coito como práctica principal, en que la sexualidad de mayor fuera un acto profundo de conexión con el placer, como a cualquier edad.

Si eres mujer, hacerse mayor no es bonito. En teoría, tenemos una esperanza de vida más alta, pero nuestras condiciones no nos muestran un panorama muy alentador. El acceso a los recursos es menor: tenemos un nivel adquisitivo más bajo y una capacidad de ahorro inferior si optamos por la reducción de jornada y asumimos trabajos no remunerados en casa. Si esto no te parecía lo bastante triste, le pongo la guinda al pastel: también tenemos peores diagnósticos médicos, pues la mayoría de las investigaciones se realizan en hombres. Todo mal.

Séptima Parte

SER
MUJER

La primera vez que le hacen una ecografía a nuestra madre deberían darle un abrazo de consolación si en la eco sale que ese manchurrón será niña. Ser mujer sí que es un deporte de riesgo, y no el *rafting*. A estas alturas ya tienes casi todos los conocimientos de lo que es ver el mundo desde nuestra posición, la violencia a la que estamos expuestas, la presión que nos acompaña… Y todo eso está asociado socialmente a ser mujer, por el sexo biológico con el que nacemos, o es consecuencia de ello, como el síndrome de la impostora.

¿Sabes cuando empiezas tu primer trabajo y te dices «¿Qué hago aquí, si no tengo ni idea de cómo va esto y nadie me lo ha explicado?»? Pues eso es lo que tenemos nosotras a lo largo de la vida (en concreto, un 18 por ciento más que los hombres, según datos de Access Commercial Finance). Incluso aunque llevemos décadas en ese puesto. Siempre tenemos la sensación de que en cualquier momento alguien se dará cuenta de que somos un fraude y nos llevarán a la cárcel por estafadoras. Pero en realidad la estafa que compartimos la mayoría es fingir que hemos tenido un orgasmo espectacular cuando no es así (ya te he dicho que estamos trabajando en ello, ¿vale?).

Vivo con la sensación de que, en la sociedad, ser mujer es un poco ser una segundona. Podría haberte tocado el oro, pero te has quedado con la plata. Estás, pero sin estar, siempre como objeto, pero no como consumidora (a no ser que sea de maquillaje, ropa, cuchillas de depilar, etc.). Sentir que no aparecemos, que no se habla de nosotras es una manera de invisibilizarnos, una de las causas que tenemos que reivindicar. Por eso, si se ve a mujeres jugando al fútbol, no son un equipo de fútbol, son fútbol femenino. Lo mismo pasa con el baloncesto femenino. El deporte a secas es para vosotros. Y me dirás que los hombres os habéis ganado ese puesto y todo lo que tú quieras, pero tendrás que darme la razón en que no son comparables los años de historia que lleváis y las facilidades que habéis tenido. Justo las mismas facilidades no son, ¿no?

Bueno, no voy a exagerar, interés en las mujeres hay, pero no demasiado. Y a las pruebas me remito: el informe del Instituto Andaluz de la Mujer nos situó en 7,2 puntos porcentuales menos que a los hombres como protagonistas de las noticias. En cambio, se nos pone bajo el foco cuando se nos puede sexualizar. Ahí, si nos ponemos, reventamos la escala del Instituto Andaluz de la Mujer. Porque de decidir qué sí y qué no se encarga la mirada masculina. El único problema es que si el pensamiento crea y determina el lenguaje, y el lenguaje enriquece y moldea el pensamiento, ¿cómo no vamos a dar importancia a que no aparezcamos en conversaciones, medios informativos, películas, etc.? Es decir, ¿a que no se hable de nosotras?

No es ya solo que no aparezcamos en sitios o tramas donde deberíamos tener cierto protagonismo —el mismo que los hombres, ni más ni menos—, sino que todo lo relativo a lo que nos puede afectar debería tener más visibilidad social. Es el caso de la menstruación con dolor, algo que sufrimos cinco de cada diez mujeres. Luego está la endometriosis, que afecta al 10 por ciento. ¡Está tan infravalorada que el diagnóstico se puede retrasar hasta ocho años! Y por mucho que hayan aprobado una baja menstrual —que ya tocaba—, el planteamiento hace aguas. Para empezar, tiene que ser un dolor incapacitante. ¿Por qué me exiges que vaya al centro de salud a solicitarla cuando siento que mi útero ha cobrado vida propia, se está retorciendo en todas direcciones y no puedo dar un paso? Que luego encima hay tíos que se oponen a esta idea diciendo que ese dolor no es para tanto. ¡Si ni lo han sentido! Ah, pero cuando un hombre se coge un resfriado bien que no puede ni apagar la luz de la habitación porque le fallan las fuerzas.

Ser mujer es también que la ciencia te haga más *ghosting* que el chico que te gusta porque la mayoría de los estudios y ensayos clínicos se realizan en hombres; que gran parte de los cuidados recaigan sobre ti, pero que te resulte más difícil acceder a ellos en un futuro porque tienes menos dinero; que suframos más problemas de salud mental (casi el doble que los hombres, un 13,7 versus un 7,4 por ciento) y que se nos sobremedique para tratarlos en vez de ir a la raíz del problema con otras soluciones, como la terapia psicológica (el 85 por ciento de los psicofármacos se administran a mujeres).

Además, el diagnóstico de patología mental o síntoma psicosomático puede invisibilizar enfermedades físicas si no encaja con el patrón «normal», el masculino. Por ejemplo, en las mujeres los infartos se diagnostican de forma distinta y, al confundirse con un trastorno de ansiedad, pueden llevar a la muerte. Lo del pinchazo en el brazo es la forma en que se inicia un infarto en vosotros. Pero en nosotras los síntomas son algo distintos: náuseas, vómitos e indigestión son los más frecuentes, y el hecho de ser menos conocidos es una de las razones por las que, según el INE, fallecen nueve mil mujeres más por infarto que hombres. Como lo que nos resulta familiar es la opresión en el pecho y el dolor en el brazo, al no sentir nada de eso seguimos adelante haciendo nuestras cosas hasta que ya es demasiado tarde. No, si encima vamos a tener la culpa de morir por ser mujeres...

1
ES MI REGLA Y
LLORARÉ SI QUIERO

Es mi regla y lloraré si quiero con ese vídeo de TikTok en que sale un cachorrito de labrador. Pero no, no me preguntes si estoy en esos días cuando me notes un poco más tensa de lo normal. Es probable que sea por el trabajo, por la última llamada al centro médico, donde siguen sin coger el teléfono, o porque me alteras tú.

Nuestros años fértiles suelen ser entre treinta y treinta y cinco. Si cada mes tenemos la regla unos siete días, dedicamos un total de 2.520 días de nuestra vida a cambiar el revestimiento del útero por si el mes que viene tenemos un bebé. De esas siete maravillosas jornadas de desangramiento, no todas son iguales. Habrá algunas en las que no pueda levantarme de la cama, e ir al baño a hacer pis sea tan doloroso y sanguinolento que parezca que protagonizo una escena de *Saw*. Mi cuerpo se infla hasta el punto de que me convierto en un instrumento de viento con todo tipo de ventosidades y además es probable que en algún momento termine pringando el váter, las toallas, el suelo, la silla de la cocina, las sábanas o el colchón.

Y quizá no esté tan cachonda como esperas después de haber hablado con tus amigos. Sí, sí, eso de que las mujeres con la regla nos convertimos en auténticas fieras sexuales. Me encanta que haya un mito tan extendido que nos presione para mantener relaciones esos días en que muchas solo queremos hacernos una bolita, taparnos con la manta y beber sopa calentita. Estoy incómoda, me siento hinchada como un globo, me veo el grano en la frente cada vez que paso por delante de un espejo, mis entrañas me matan de dolor y no hay pantalón que me abroche más allá del chándal. ¿En serio crees que me muero por que me la metas?

Uno de mis ex no fue consciente de que lo pasaba mal con la regla hasta que no me vio en cuclillas, apoyada en una estantería con unos dolores que me hacían soltar gritos. Entonces se dio cuenta de que la imagen de la novia que en su semana más crucial solo fantasea con maratones de sexo salvaje no se parecía a la realidad. Aunque, como ya he dicho, no todos los días (ni todas las mujeres) son iguales. Cuando pasan los de máximo sangrado, se reducen los dolores y puedo volver a dormir bocabajo sin que me duela la tripa, es probable que las ganas de sexo vuelvan a mi vida. Eso sí, no será como el de siempre.

La reacción de algunos ex ante la idea de que pudiera salir el condón manchado si teníamos sexo me llevó a pensar en mis primeros años de vida sexual, cuando era mejor vivir la regla apartada de todo lo que implicara bajarme las bragas. Por suerte, llegaron otros que vivieron con total y absoluta normalidad lo que supone salir con una mujer fértil y sana. Sigo intentando explicarme cómo es posible que ninguno tenga escrúpulos en meter el pene por el culo —sabiendo cómo funciona el recto y qué sale de ahí— y la regla les dé repelús, cuando solo es sangre. Pero, claro, es que hay alguno muy impresionable. Eso sí, puedes comerte todas las películas protagonizadas por Vin Diesel, que los tiroteos y escenas de violencia de los videojuegos te apasionen y mirar con asco la copa menstrual de tu novia, que es más higiénica que el mando de la consola que tienes con migas de Cheetos, algún pelo rizado (tú sabrás qué te rascabas mientras echabas la partidita) y estornudos secos. Y que conste que lo único que quería cuando le enseñé la copa era que supiera que la regla no es solo sangre líquida, sino que de vez en cuando podía colarse algún que otro tropezón, como el gotelé de la pared. Pero vamos, nada que no haya visto antes en *Pulp Fiction*, solo que más pequeño y muy rojo. No sé, no es para tanto si lo comparo con los residuos que él coleccionaba bajo las uñas de los pies. Lo mío lo tiraba por el váter; lo suyo seguía ahí semana tras semana.

Los días de regla solo le pido una cosa a mi pareja: comprensión. Y comprensión va desde «¿Me puedes traer el ibuprofeno del cajón de las pastillas?» hasta «¿Vemos *Frozen*?», pasando por «Abrázame hasta que El Xocas deje de decir que su amigo era un máquina por aprovecharse de chicas borrachas en la discoteca, que necesito mimos». También es que finja que no ha oído, por enésima vez, un pedo que nada tiene que envidiar a los truenos de Thor. Aunque tampoco falta en la lista la necesidad de espacio cuando el útero decide empezar a hacer contorsionismo. En esos momentos quiero quedarme sola, enroscarme sobre mí misma y… tocarme el clítoris a muerte para tener un orgasmo y que se me pase el dolor. No, no es que no quiera que participes porque lo hagas mal, de verdad, seguro que eres buenísimo con los dedos (y si no lo eres, ya lo arreglaremos). Es que me encuentro tan mal que

SER MUJER

no quiero que nadie vea que me siento como una auténtica piltrafa, y si me toco es por supervivencia. No por disfrutar. ¡Faltaría más! Aunque bueno, el ratito de orgasmo entre calambre y calambre tampoco está mal.

Imaginemos que no estoy en el momento de máximo dolor en que mentalmente asesino a los publicistas que han creado los anuncios de compresas y me venden que debería estar haciendo ballet o saliendo a cenar con un minivestido. Imaginemos incluso que te veo de espaldas sin camiseta mientras cortas un diente de ajo y me apeteces más que el curri que quieres preparar para cenar. Imaginemos que queremos tener sexo. Hay varias cosas que debes tener en cuenta: mi útero es zona de guerra. El cuello ha bajado y es como si mi vagina se hubiera acortado. Las posturas de penetración profunda no me darán gustito, sino que harán que me entren ganas de arrancarte la cabeza por el dolor que produce el golpeo en esa zona tan sensible. También habrá posiciones vetadas, como todo lo que implique tumbarme bocabajo.

Ah, y por supuesto habrá sangre. Igual al principio poca, pero en cuanto empieces a darle más fuerte ayudarás a que el líquido descienda y terminaremos con la entrepierna pelirroja. ¿Qué hacer en ese caso? ¿Parar y limpiar la zona? ¿Correr a la ducha? ¡Nada! Mete una toalla oscura debajo para no cargarte las sábanas y sigue dándole. Ya habrá tiempo para el KH7 al terminar. Porque solo faltaba que, con lo caros que son los tampones y las compresas, perdiéramos también el cobertor, la sábana y la funda del colchón cada mes. La menstruación es algo biológico, pero nos imponen un impuesto que parece que la elegimos como parte de un estilo de vida digno de Paris Hilton. Compadécete de mí si te digo que, hasta hace nada, los productos de higiene femenina llevaban el mismo IVA que los productos de lujo. Por fin en 2022 se incluyó que bajara del 10 al 4 por ciento en la propuesta de Presupuestos Generales del Estado. Parece que alguien se dio cuenta de que ponernos un tapón en el chichi, que evita que gotee la sangre por la pierna, era un bien de primera necesidad, no comparable con una botella de vino. Creo que no hay nada más bonito que bautizar a un amante con tu sangre. De una manera u otra, le estás bañando con lo más profundo de tu ser y compartiendo con él un momento muy íntimo. Y eso tiene su encanto. *Friendly reminder*: la sangre es un excelente lubricante para el secarral en el que se convierte la zona sin fluidos.

Ah, y hablando de las manchas, desde este momento has de saber dos cosas sobre mis bragas:

1. Si abres mi cajón de la ropa interior, lo más probable es que más del 90 por ciento de mis bragas lleven el forrito medio marrón. Sí, sí, aunque estén limpias. Es la magia de la menstruación. A veces el flujo viene con la henna incluida y tiñe nuestra colección de lencería, o, por mucho que frotes con jabón Lagarto y agua fría, en ocasiones no hay quien saque el manchurrón que lleva todo el día esperando su momento de gloria.

2. Cuando ya vayamos más en serio no tardarás en conocer mis bragas de regla. Quien me quiera deberá aceptarme con ellas. Son mis compañeras de fatigas menstruales desde los quince años, han sido mi relación más larga. Las reconocerás porque son bastante amplias, cogen bien los cachetes, tienen pelotillas en la tela, la

goma está dada de sí y el forro es de un deslucido color parduzco, desteñido fruto de innumerables manchas que han caído sobre esa tela, siempre superviviente. Dóblalas con respeto cuando las encuentres en el tendedero. Si les tenemos tanto apego es porque ningunas nos ofrecen tanta seguridad y paz física y mental. Si nuestras bragas de regla fueran una persona, serían Jennifer Aniston. Adoramos la fortaleza y serenidad de Jennifer Aniston.

2
QUE NO ME PIDAS
QUE ME CALME

A estas alturas del libro, y llevándome la contraria en muchas de las cosas que has leído, es evidente que vamos a discutir. Y lo haremos en condiciones, con esas charlas que empiezan en la habitación, terminan en el salón y se prolongan hasta la hora de la cena. Llega el momento de acostarse y lo único que hemos hecho en toda la tarde es lanzarnos reproches.

Por mucho que saquemos temas del pasado o que hablemos de situaciones que aparentemente ya estaban resueltas, jamás me pidas que me calme. Es más, si quieres que me tranquilice, emplea cualquier otra forma de hacerlo menos esa. Más que nada porque es un método que le ha servido a un total de un 0 por ciento de personas cuando querían relajar a alguien.

Tampoco me digas que exagero. No hay nada que me cabree más que el hecho de que me llames «exagerada» por cogerme un rebote después de que lleves más de cinco días con el táper sucio en la mochila de la oficina. No me lo digas por dos razones:

1. Estoy expresándome y tengo todo el derecho del mundo a que mi reacción sea la de estar ya hasta las narices.

Si es el cuento de nunca acabar, siempre recordándote cosas de las que tendrías que estar pendiente tú.

2. Si me llamas «exagerada» y dices que saco las cosas de quicio, invalidas mis emociones y me haces dudar de mi gestión emocional cuando algo me molesta.

Es fácil: si tienes la suficiente paciencia como para esperar a que suban cada semana un capítulo de tu serie preferida, puedes aguantar mi desahogo. Además, ¿qué es eso de quedarse en silencio viendo cosas con las que no se está de acuerdo en la relación? La pareja la forman dos, y aunque es muy cómodo no decir nada, todo lo que se queda sin tratar termina por hacerse bola y estalla en el peor momento. No es que la gota haya colmado el vaso, es que lo ha hecho romperse en mil pedazos. La mejor manera de solucionarlo es hablando.

Es un buen momento para que aprendas a expresar tus sentimientos (tranquilo, si no sabes por dónde empezar, vuelve al capítulo 6), a decir qué te parece mal o si estás cansado de que los cajones del baño parezcan un truco de escapismo, porque mis coleteros y horquillas viven en plena anarquía, siempre enredados. Pase lo que pase, si ya esas dos frases deberían quedarse fuera de toda discusión, nunca, bajo ningún precepto, utilices el «Estás loca». Evítalo a toda costa. Esas dos palabras desencadenan una furia visceral que ríete tú de lo mal que lo pasaste en 2020.

Cuando un hombre llama «loca» a una mujer, algún volcán del planeta Tierra entra en erupción. O no, porque estoy segura de que al menos una vez al día alguien utiliza ese adjetivo. Ese calificativo nos saca de nuestras casillas. Ya no solo minimizas los sentimientos que pueda tener sobre algo, sino que los invalidas al decir que mi salud mental no está muy afinada. Y es un golpe muy bajo. Más que nada porque es lo que, durante años, se ha utilizado para silenciar la voz femenina: «Está loca», «Es una histérica»...

¿Sabías que la palabra «histérica» viene de «útero» en griego, que se escribe *hysteria*? Es una enfermedad que se diagnosticaba a las mujeres cuando presentaban síntomas como nerviosismo, irritabilidad o agresividad. Es más, el método que se popularizó para tratarla era «aliviar las tensiones» mediante la masturbación asistida por parte de un médico. Llegó un punto en que uno de ellos creó una máquina para que no se le atrofiaron los dedos de tanta terapia —imagínate tú cómo se te quedaría la mano si tuvieras que ayudar a que llegasen al orgasmo todas las mujeres de Inglaterra—, y así llegó el vibrador a principios del siglo xx.

La palabra, en cambio, se quedó más tiempo con nosotras. En 1952, la Asociación Americana de Psiquiatría declaró algo que ya sabíamos: que la histeria era un mito. Aunque un grupo de hombres expertos la desacreditaron —lo cual ya debería bastar para que desapareciera del mapa—, su uso sigue vigente. Pero ha digievolucionado, como Agumon.

Ahora no eres una histérica, eres una «loca del coño». Bueno, estaba claro que quien inventó el término se había repasado la historia hasta dar con el término griego y adaptarlo a los tiempos que corren. Un aplauso por el esfuerzo. Eso sí que es creatividad, no lo de los anuncios de Coca-Cola. Lo importante era que quedaran reflejadas dos ideas en la histérica 2.0: la ausencia de cordura (porque lo de sufrir *gaslighting* por parte de los hombres y que no se tome en serio nuestro juicio es un básico atemporal con el que siempre se acierta) y que tenemos coño, claro.

En realidad, el objetivo de este vocabulario es más sutil que el de ofendernos en un momento puntual. Es seguir negándonos un espectro de emociones incómodas para los hombres, como la ira, que solo están bien vistas si las experimentáis vosotros. Llamarnos «histérica» o «loca del coño» nos desactiva, animándonos a volver a lo contrario de esos términos: las damas dulces y encantadoras que debemos ser, las que no molestamos ni producimos malestar con la voz, siempre comprensivas, pacientes, cuidadosas, listas para perdonar y dar segundas, terceras, vigésimas oportunidades cuando descubrimos la vigésima mentira.

Ser dóciles y tranquilas es la manera de ser aceptadas en un mundo que huele a Axe y tiene menos baños para nosotras. ¿Por qué crees que las feministas asustamos tanto? Porque gritamos consignas como «De camino a casa quiero ser libre, no valiente», que es lo que no se quiere escuchar. Es la forma de recordarnos que ser conflictiva equivale a no ser deseada, a que con ese carácter «No encontrarás quien te aguante», como alguna vez nos ha soltado un familiar insinuándonos que fuéramos menos combativas.

Pero en vez de menospreciar te pido que primero entiendas por qué estoy enfadada. Y sobre todo que seas consciente del peso que supone mostrar esas emociones cuando en la sociedad se me anima a taparlas todo el tiempo.

Partamos del punto de que todos necesitamos liberar esas emociones tan intensas. Estamos de acuerdo en que la forma de hacerlo —gritando, llorando o quitando de la pared el cuadro que pintó tu madre— no es la mejor. Pero no siempre podemos sentarnos a hablar como si estuviéramos en terapia. Hasta que llegue el momento en que ambos nos enfriemos y lo resolvamos como los adultos emocionalmente maduros que somos (o intentamos ser), mejor no azuzar el fuego. Si me dices que se me está yendo la pinza por el pollo que te estoy montando, lo único que conseguirás es darme más leña para que la hoguera del mosqueo siga ardiendo. Y poco o nada puede quedar si exploto.

3
LAS MUJERES NO NOS ODIAMOS (¡SORPRESA!)

Lo aprendiste en el colegio y lo repetiste hasta la saciedad: las mujeres no podemos ser amigas. Es más, desde pequeñas competimos por ganarnos la atención de los chicos, nuestras relaciones son siempre falsas y discutimos por todo. Miramos mal a nuestra *bestie* si le va bien en la vida, echamos pestes de ella por la espalda y nos pisoteamos, nos destrozamos unas a otras, nos ponemos verdes... La amistad de verdad es la masculina, vosotros sois colegas para toda la vida. Porque los tíos, oh, los tíos sois leales.

Bueno, por fin ha llegado el momento de desmentirlo. Porque ni tóxicas ni envidiosas ni malas con las demás. ¿Que interesa promover esa idea para que no unamos fuerzas? ¿Que debemos ser las primeras en desmentirla? También. Pero los comentarios de los chicos de tu entorno sobre lo mal que nos relacionamos están a la orden del día. ¡Y es gracioso! Si te pregunto por tu mejor amigo, podrás contarme que le gusta el pádel, qué cerveza bebe y todos los detalles de su coche. De mi amiga me sé el grupo sanguíneo, la relación que mantiene con cada uno de sus hermanos, su mayor miedo, los nombres de sus compañeros de trabajo o qué cenó ayer, por poner algunos ejemplos.

Pero he de decirte que te entiendo.

Cuando una crece oyendo esas frasecitas y viendo las rivalidades irreconciliables de las películas Disney (Maléfica odia a Aurora porque no la han invitado a palacio, Úrsula quiere la voz de Ariel, las hermanastras despellejan a Cenicienta o Madre Gothel tiene a la pobre Rapunzel encerrada por su pelo), es difícil ver a la de al lado como una aliada. Vale, es más que probable que ninguna mujer me quiera por las capacidades mágicas de mi pelo (chica, ¿me has visto las puntas?), pero la semilla de la desconfianza no solo está plantada, sino que ha germinado y se ha convertido en una palmera de dos metros.

Por eso es tan importante el concepto de «sororidad», que no es más que la solidaridad entre nosotras. Dentro de las capacidades de cada una, claro. Porque, por muy solidaria que sea, no es mi responsabilidad ayudar a solucionar los problemas de los miles de millones de mujeres que hay en el mundo, pero sí de las que tengo cerca. Sororidad es cuando me pongo en modo policía porque veo a una chica a la que su novio le grita «zorra» por la calle y me meto para decirle que no la trate de esa manera, pero también no criticarlas por su aspecto, entender que si las hay que se quieren operar no soy quién para opinar sobre su vida ni su cuerpo, o que si en la discoteca veo a una chica borracha que apenas se tiene en pie y empieza a ser rodeada por hombres sin enterarse de nada, llevármela de ahí y dejarla en casa. Esto último lo hizo una amiga mía y me llena de orgullo feminista contar su proeza. No todas las heroínas llevan capa, a veces calzan botines de tacón ancho.

También te adelanto que para nosotras no es sencillo romper con esa idea de que estamos enfrentadas. Es un proceso de deconstrucción en el que hay que poner mucha voluntad y control de la lengua. No vale con esforzarse y dar el voto de confianza de ver qué pasa y probar a que surja la amistad. También hay que callarse o corregir los comentarios que oyes en ese sentido. Y sí, claro que hay mujeres que intentan absorberte la energía, culpabilizarte o que no se van a alegrar de que te hayan dado ese ascenso. Es decir, puedes ser sorora, pero no estás obligada a que todas las mujeres del mundo te caigan bien. Mala gente hay en todas partes; también puede pasarte a ti con otro hombre.

Al final es una cuestión del ser humano, de si tiene esa naturaleza asquerosa digna de lombriz de tierra, no de si es mujer. Porque cuanto más infravalorada está la amistad entre amigas, más parece crecer la amistad masculina. Incluso hay mujeres que dicen sentirse más cómodas entre hombres porque prefieren ese tipo de relaciones. Pensé así durante un tiempo, hasta que empecé a crear vínculos de verdad con las mujeres de mi entorno, de esos que te marcan para siempre por hacer cosas como cogerle la mano a otra cuando se hace un test de embarazo, escuchar aquella vez que un hombre se desnudó en un portal y le dio un susto de muerte, escribirle para ver cómo ha ido el resultado de la prueba que está esperando o dar una vuelta por el centro comercial con su bebé, para que pueda tomarse un café tranquila hablando con adultos mientras su hija está distraída.

Es más, he pasado al extremo contrario. Necesito energía femenina en mi vida. Por poner un ejemplo, las veces que he cambiado de ciudad siempre me ha interesado más crear conexiones con otras chicas que ligar. La última vez que sucedió recuerdo que me borré Tinder y me descargué Bumble.

Del modo ligar, saqué dos citas que no fueron a ningún lado. Del modo amistad, cuatro. A dos de ellas las considero amigas. Y sí, claro que en una amistad entre mujeres hay problemas. Es lo que conlleva la sinceridad, decirle que ese jersey le queda de maravilla o que su novio es un auténtico capullo porque no deja de interrumpirla cuando ella interviene en una conversación grupal.

En esos momentos de honestidad absoluta es posible que alguna salga herida, pero siempre lo haces con el cariño y la esperanza de que tu amiga sea feliz por encima de todas las cosas. La amistad entre chicas es un poco como estar enamorada de muchas novias o tener mogollón de nietas: solo ves lo fantásticas y talentosas que son y te da rabia que no las llamen de esa entrevista que les salió redonda o no les respondan del anuncio del piso que está en alquiler. Sus victorias te saben a triunfos propios, y sus desgracias te duelen como si te pasaran a ti. Es una maravillosa mezcla que si por un casual trabajáis en la misma industria, puedes llevar incluso al ámbito laboral. Porque a esas personas que dicen que mejor no trabajar con amigas les diría que eso igual es porque nunca han currado con las mías. Son tremendas cracks en sus sectores (y no solo lo digo yo, su LinkedIn me avala). Y si tengo la oportunidad de colaborar con alguna de ellas, por supuesto que lo haré. Bastante duras tenemos ya las cosas con los techos de cristal (sustitutos del zapato de cristal) como para no echarnos una mano. Por mí y por todas mis compañeras.

4
ERROR 404, ¿DÓNDE ESTAMOS LAS MUJERES?

Pero es que ¿cómo no vamos a hacer piña si en la mayoría de los sitios brillamos por nuestra ausencia? «Error 404: Mujeres *not found*».

Recuerdo que en el colegio éramos veinte chicas y cinco chicos en clase, pero se usaba el masculino en plural. Años después formé parte de un equipo de mujeres en el trabajo y, cuando había un solo hombre, enseguida se salía con el «Hola chicas... Bueno, y chico». Él sonreía, pero no tengo ni idea de qué estaría pensando. ¿«Uf, menos mal que se han dado cuenta»? ¿«Ya puedo subirme a la mesa y darme puñetazos en el pecho mientras suelto el grito de Tarzán, que no sorprenderá a nadie porque es lo que se espera de mí»?

Y pregunto, ¿tan terrible es que se emplee el femenino si hay mayoría de mujeres? Vale, la RAE dice que el masculino plural funciona como «género no marcado» si no se especifica, pero ¿y si la RAE también es machista? De cuarenta y seis académicos ocupando las sillas —sí, hablo de letras mayúsculas y minúsculas— solo somos diez mujeres. Claro que estamos en desventaja. Para mí, lo lógico es que, si somos mayoría de mujeres, se emplee el plural femenino y punto. En la RAE no, claro, que nos superan los hombres. Pero más que nada porque es lo que llevan haciendo con nosotras toda la vida, y aquí seguimos. Doy fe de que se puede sobrevivir a ello, no desapareces si no mencionan tu género en la frase como si Thanos chasqueara los dedos. Pero esto de desaparecer viene de hace tiempo. Si coges un libro de historia encontrarás tres mujeres relevantes: Isabel la Católica, Juana la Loca e Isabel II (la nuestra, no la inglesa). Y si tienes un poco de suerte o es un libro de texto de Galicia, a Emilia Pardo Bazán. No hay más. El resto de los nombres que aprendes son de inventores, conquistadores, políticos, reyes, artistas y escritores. Y vale que muchas no podían meterse en las movidas interesantes porque estaban ocupadas criando a diecisiete churumbeles, porque sí, se embarazaban cada año. Pero es que tuvimos inventoras y artistas que pasaron sin pena ni gloria, e incluso algunos hombres copiaron su trabajo y se llevaron el mérito. Mileva, mismamente, la primera mujer de Einstein, trabajaba codo con codo con el físico para desarrollar sus teorías. Albert empezó hablando del trabajo compartido como algo de los dos, pero abandonó a Mileva por el camino y se quedó con la fama de haber formulado él —y solo él— la teoría de la relatividad.

Otra de mis historias favoritas para encenderme es la de Elsa von Freytag-Loringhoven (a pesar de su apellido impronunciable). Por lo visto, la que era conocida como una de las reinas del dadaísmo solía recoger objetos de la basura y presentarlos como arte. Una de esas esculturas era un urinario, y fue la primera vez que un objeto cotidiano se convirtió en pieza de exposición. Sin embargo, fue Duchamp el que se quedó con la fama, ya que lo presentó en el círculo artístico americano. Aunque bueno, la invisibilización de las mujeres como artistas no es una invención del bueno de Duchamp. Si piensas que exagero, date una vuelta por cualquiera de los museos de arte más famosos de cada ciudad. Ahí están las mujeres, en forma de cuadro, eso sí, y sobre todo desnudas, pero si te acercas a los cartelitos que muestran el nombre del artista a ver si hay alguna mujer, será raro que nos encuentres. Las Gracias, la maja… Una barra libre de tetas y culos te espera.

Pero no todo son teorías escritas en servilletas y orinales manchados de pis. Los tiempos han cambiado y empieza a olernos rara la situación (aunque el orinal también, la verdad). Fíjate si nos hemos dado cuenta de que las mujeres no estamos presentes que, cuando quieres dar con ellas en el mundo académico, de setenta y dos universidades públicas y privadas españolas, solo cuatro mujeres son rectoras; en política: el 10 por ciento de los municipios españoles tienen una alcaldesa; en las letras, de los cuarenta y siete años del premio Cervantes, solo hay seis ganadoras; y en los consejos de administración de las empresas del IBEX 35, solo un 6 por ciento son mujeres.

¿Supera la realidad a la ficción? *Nah*, no creas, está todo igual de mal. Y para descubrirlo, las tramas importantes de la televisión han tenido que pasar el test de Bechdel. Esta especie de prueba que ideó Alison Bechdel se está convirtiendo en un indicativo de si en la película o serie hay machismo. Si en pantalla no hay al menos dos mujeres que hablen entre ellas sobre algo que no sea un hombre, no pasa el test. Visto así parece fácil, ¿no? ¿Cuántas conversaciones han tenido tu madre y tu hermana en casa sobre cualquier famosa o sobre algo que les ha pasado durante el día? Pues ojo, que ni *El señor de los anillos* (sí, hablo de la trilogía, que si contamos las versiones extendidas son once horas y media) ni la primera película de *Vengadores* aprueban.

Pero ¡si hasta cuando se inventan personajes como los Pitufos o los Minions solo hay una mujer! Si no te sorprende porque son películas de acción o de dibujos animados, lo mismo pasa en *Desayuno con diamantes*. Nuestra querida Audrey suspende en uno de los clásicos del cine. ¿Podría haber hablado con la panadera sobre lo bien que olía ese cruasán? Pues sí, pero los guionistas no lo contemplaron. En cambio, la escena en la que el protagonista se declara en la librería mientras ella está leyendo y luego intenta irse, pero él la sujeta por los hombros, que no falte. Bien de mitos románticos y masculinidad: el hombre toma la iniciativa y ella, sumisa, deja su deseo en un segundo plano porque la fuerza del amor lo invade todo.

Y ojo, no estoy criticando a Audrey, pobrecita mía. Bastante era liarse con Gregory Peck cuando él tenía casi cuarenta años y ella veinticuatro. Es más, si hago esta reivindicación es porque quiero ver a más mujeres triunfando. Pero si pienso en que lo que más me interesa es vernos amasando poder y billetes, prácticamente no estamos. Y ya que me he metido con el mundo del cine, déjame decirte que, según datos de la Asociación de Mujeres Cineastas y de Medios Audiovisuales (CIMA), las cifras se reparten de este modo: en dirección, un 10 por ciento son mujeres, un 90 por ciento hombres; en guion, un 20 por ciento son mujeres, un 80 por ciento hombres; en dirección artística, 30 por ciento y 70 por ciento respectivamente. Solo en maquillaje, peluquería y vestuario cambian las tornas: el 85 por ciento son mujeres y el 15 por ciento hombres.

Estos porcentajes también podrían aplicarse a la mayoría de las empresas: nosotras ocupamos cargos secundarios, mientras que vosotros os quedáis con el puesto de director. Las diez personas más ricas del mundo son hombres (he buscado la lista Forbes para comprobarlo). Algunas de las mujeres más ricas, como Oprah Winfrey o Kim Kardashian, no entran ni en la lista de las cuatrocientas personas más ricas del mundo. Imagínate cómo está el panorama. «Ricas, pero no demasiado», que dirían en *First Dates*. Bueno, pero al menos nos queda el poder, ¿no? Tampoco. Si coges la foto de la última cumbre de la OTAN, con una sola mano puedes contar las líderes (y te sobrarán uno o dos dedos).

En cambio, aparecemos (y sin parar) en las revistas, la publicidad... y nuestro protagonismo es aún más evidente en la pornografía. Ahí sí que no hay competición por los minutos de pantalla... La conclusión es que nuestra presencia es prioritaria en todo lo que podamos ser —o parecer— un objeto de consumo para el hombre. Nada que implique amenazar vuestro estatus de riqueza y poder. ¿Casualidad? No lo sé, Rick, parece patriarcado.

5

LA MIRADA
MASCULINA

Como varias nos hemos empezado a dar cuenta de que esto es algo más frecuente de lo que nos gustaría, incluso se le ha dado un nombre: «la mirada masculina» o *male gaze*, porque una tiene que conocer los términos del machismo en español y en inglés, que nunca se sabe cuándo la van a invitar a Vancouver a hacer un *TED Talk*. Y no, la mirada masculina no es entrecerrar un poco los ojos porque no ves de lejos por la miopía y, de paso, pareces más dura. La mirada masculina es un poco como si te mira Medusa. La diferencia es que la de Medusa te convierte en estatua de piedra; la masculina, en objeto sexual.

Consiste en que el hombre adquiere la posición de espectador y la mujer, la de observada. Uno es activo, la otra es pasiva. El objetivo último de esta mirada es que todo lo que perciba el hombre con la vista sea agradable y lo disfrute. Y lo peor es que nosotras construimos nuestra identidad en función de esa mirada que nos sexualiza. De ahí sale el «Sonríe, que estás más guapa». Pues a lo mejor no me apetece sonreír porque se había terminado el café y mi mañana ha dejado de cobrar sentido. No estoy para hacer bonito ni para ser un objeto decorativo, por mucho que te empeñes en que ese es mi único cometido.

Un gran ejemplo de mirada masculina son los anuncios de compresas. Las que tenemos la regla sabemos de qué color es el líquido que nos sale de la entrepierna: rojo como el interior de un bote de kétchup. Entonces, si conocemos el secreto porque cada mes tenemos varios días de encontrarnos sangre cuando nos bajamos las bragas, ¿cómo es que en la publicidad aparece como un líquido azul? Si ves eso en tu infancia, puedes llegar a pensar que es algún tipo de suavizante. Pero como nos hemos acostumbrado al color rojo, está claro en quién se piensa con el cambio de tonalidad para suavizar el «trauma» de la experiencia. Me llama la atención que en los videojuegos, cada vez más realistas, el hecho de que corra la sangre por el suelo y hasta llegue a salpicar la pantalla después de disparar a un enemigo no resulte desagradable a la mirada masculina. Es muy curioso todo.

Ya que he abierto el melón de los videojuegos, me viene de perlas para hablar de la mirada masculina en ellos. ¿Has pensado alguna vez que las proporciones de las protagonistas que aparecen en la pantalla son imposibles a no ser que pases por el quirófano? ¿Cómo va a tener una mujer unas tetas del tamaño de dos sandías con una cintura del diámetro de un bocata de jamón? Se rompería por la mitad. Se levantaría de la cama, oiría un crac y seguidamente estaría en urgencias, donde le recomendarían reducirse el tamaño del pecho para seguir con vida. Son del mismo planeta que las mujeres que aparecen en los cómics de superhéroes, un universo alternativo donde solo hay tetas y culos gigantescos. ¿Cómo no vamos a terminar sintiéndonos inseguras en la cama cuando nos dicen «Vaya tetas más pequeñas»? Es que esa talla de pecho no existe, cariño. Tendrían que hacer sujetadores con la misma tela que necesitas para cubrir una sombrilla de la playa, pero si vas a una tienda de lencería verás que lo más común son tallas tirando a pequeñitas, como para abrazar una ciruela o, si eso, una naranja.

Si esto no es la prueba de que promueven estereotipos dañinos —como ese ideal de belleza tan inalcanzable—, no sé qué más necesitas. Mi teoría es que pasa lo mismo con los zapatos de tacón. ¿Te has fijado en que todas las superheroínas llevan botas con algún tipo de plataforma o alza? Vamos, es que cuando vi en la gran pantalla a Wonder Woman corriendo por Temiscira con unas botas de cuña solo podía pensar en que no iba a librarse de la batalla sin terminar con un buen esguince. Me la imagino llegando a casa, sentándose en el sofá mientras suelta la espada en el suelo, y a su madre en plan: «Qué, hija, ¿feliz de liberar una vez más nuestras tierras del invasor?». «Sí, pero no tanto como de quitarme estas botas. Encima se me ha olvidado meter el Compeed® acolchado para que no me duela tanto la parte delantera y ahora tengo una ampolla».

Pero ¿tan perjudicial es que una superheroína lleve un poco de tacón? ¿No hay cosas más importantes de las que hablar, como de la deforestación de la selva tropical? Sí, que sucedan cosas muy graves en el mundo no significa que dejemos de reivindicar estas. No está reñida una cosa con la otra, y yo decido dedicar mi tiempo y energía a hacerte reflexionar sobre cómo la forma en la que nos enseñan el mundo nos afecta tanto a hombres como a mujeres. Es importante porque la mayoría de nuestros pensamientos son automáticos y beben del imaginario colectivo que está por todas partes. Así que, si tiene esta mirada masculina, afectará a los pensamientos automáticos, que son los que nos hacen actuar al instante. Los hombres replicarán su papel de espectador, buscando el lado sexualizador de las mujeres, y nosotras, sin darnos cuenta, perpetuaremos el ser observadas de esa manera. Y encima darnos cuenta de esto y cambiarlo es dificilísimo, porque lo hemos integrado desde nuestra más tierna infancia y nos da la sensación de que es lo normal porque siempre ha estado ahí.

Y podría quedarse ahí el tema de las consecuencias de la *male gaze* —que bastante traca tiene—, pero hay más. Ponte cómodo, tenemos más imágenes para ti. La autoestima también se ve tocada. En cuanto se forma un ideal de belleza sobre tu persona y te ves rechazada si no encajas en él, entran en escena enfermedades mentales como la depresión, la ansiedad o los trastornos alimentarios. No basta con la recomendación de los psicólogos de no dejarse llevar por los estereotipos, hay que deconstruir nuestros imaginarios para que el colectivo esté menos pendiente de la mirada masculina y un poco más de la feminista.

¿Eso existe? Sí, y no es que busque, en contrapartida, convertir al hombre en objeto de consumo y en actor secundario de todas las nuevas películas con tangas minúsculos y tops que dejen sus abdominales al aire. Es más, una mirada feminista busca que la mujer no solo esté presente y aporte su perspectiva —para lo que se necesitan guionistas, productoras y directoras—, sino también que evite que su cuerpo se resalte como condición imprescindible de su aparición en escena.

Supongo que por esa razón desde hace un tiempo cada vez veo menos películas en las que las mujeres no formen parte del elenco y el reparto de detrás. Tienes que entenderlo y, ojalá, apoyarme. Porque el hecho de contar con tu respaldo es fundamental en la relación. Pero de eso me encargaré en el siguiente bloque.

Octava Parte

EL FEMINISMO

¿Crees que eres desordenado? Imagínate escribir un libro de feminismo y no definir qué es casi hasta el final. En fin, dicen que el orden de los factores no altera el producto, o algo por el estilo. Así que este es el momento de poner a prueba alguna lección de mi profesora de matemáticas, porque lo de calcular hipotenusas o el mínimo común múltiplo no es algo que me surja muy a menudo.

¿Qué es el feminismo? Quiero pensar que a estas alturas sabes responder a esta pregunta, pero la teoría es que es el movimiento que busca la igualdad entre hombres y mujeres. Igualdad, repito, no nosotras por encima. Es que hay mucha confusión con el término y hay gente que empieza con «Las mujeres son mujeres, los hombres son hombres, el machismo es machismo y su contrario es el feminismo, que es el feminismo», frase que bien podría haber dicho Mariano Rajoy. Con esto quiero aclarar que no busca una supremacía femenina ni que de repente todos llevéis un chip al cuello que os suelte una descarga si os reís de un chiste sexista por WhatsApp.

Pero el feminismo está en un momento muy crítico porque cada vez que lo mencionas te llueven palos por todas partes. Atrae más polémica que un plató de *Sálvame*. De hecho, como hombre, declararte feminista se considera alta traición, una ofensa a los de tu clase. Pero no es así, al revés, es haceros la vida un poquito más fácil escapando de la masculinidad hegemónica que se os encasqueta desde que alguien se da cuenta de que ese bultito que aparece en la ecografía no es el cordón umbilical.

Así que, para ir calentando motores, vamos a repasar los argumentos más famosos en contra del feminismo. El primero es sobre el propio nombre. Todas hemos oído a alguien que contesta que lo que no le gusta del feminismo es que «Me siento excluido porque se llama feminismo, y no de otra manera». Bueno, es que ni eres la RAE ni las palabras están para que te gusten. ¿O es que «diarrea» o «ladilla» te apasionan? O quizá es porque quien lo comenta siente que lo femenino es algo que no va consigo. Y eso es misógino. Los hay incluso que proponen «humanismo» o «igualitarismo», pero es que «feminismo» es justo la palabra que debe ser porque se centra en la desigualdad de una parte de la población, las mujeres, féminas, respecto a la otra. Y por mucho que nos encantaría estar en un mundo donde todos tuviéramos las mismas oportunidades o ventajas independientemente de nuestro género, el mundo no es así, de ahí que haya que abordarlo desde el punto de vista del género que está siendo discriminado.

«Los hombres también sufrimos violencia, hay que defender a los hombres» es el segundo argumento que más oirás. Siempre y cuando sea relativo a la violencia machista, por supuesto. Pero esto no es una batalla de a ver quién lo pasa peor, no son bandos enfrentados por llevarse el premio al más sufriente. El objetivo del feminismo es avanzar juntos hacia una sociedad más justa y libre sin que los roles de género nos pasen factura negativa de una manera ni de otra. Y oye, para estar tan indignado con el tema, no te veo trabajar o movilizarte para solucionar los problemas de que los hombres pueden sufrir violencia y violaciones y no denuncian por vergüenza al considerar que ser agredido sexualmente por una mujer es una deshonra.

Enseguida que hablas de violaciones salta el *Not all men*, porque quien lo está escuchando lo único que ha violado es el código de circulación al llegar en tercera a una rotonda. Y vale, no todos pegáis ni violáis, pero sí que todos los violadores son hombres. Además, si vas diciendo que sois mejores en el fútbol o en el baloncesto, y a lo mejor tú eres un paquete, no puedes ir haciendo generalización selectiva. ¿O cómo va? ¿Solo se puede participar en lo que interesa pero no en la violencia? Nadie va a ir a tu casa a acusarte de violar si no lo has hecho, pero debes tener empatía porque es un problema social que nos afecta y que no va sobre ti. También es feminismo saber cuándo tienes que dar un paso para estar en segunda fila y no desviar la atención de temas que deben atajarse.

Es que «Se lo ponen más fácil a las mujeres», hay quien dice con la molestia de la discriminación positiva (que no el feminismo). Es más, hay corrientes en contra de las medidas de este estilo. Creo que una mujer y un hombre con la misma formación son igual de buenos trabajadores. La diferencia es que cuando se da ese caso se tiende a escoger a los hombres (lo que comentaba en el capítulo de la independencia sobre las tasas de desempleo). Que se pongan en marcha acciones que nos permitan acceder a esos puestos garantiza que, por ser mujeres, no vamos a quedarnos fuera.

Aunque si al final, después de haber leído todo esto, me preguntas qué es feminismo, también te diré que feminismo eres tú, que estás empapándote de esto y abriéndote al cambio.

1

ASÍ QUIERO
QUE ME APOYES

Un día cualquiera llegué a casa asustada. Un desconocido me había estado diciendo piropos por la calle y me había seguido varios metros con la bici. Entré temblando, y mi ex me dijo que bueno, que tampoco era para tanto, que a él alguna mujer le había dicho cosas y que no se había puesto así. La diferencia es que mi ex es un hombre.

En España hay más mujeres asesinadas por hombres (parejas y exparejas) que víctimas de ETA. Y eso que solo se lleva la cuenta de las víctimas por violencia de género desde 2003. Léelo otra vez. Entonces ¿es comparable la experiencia que sacó mi ex con la que había vivido yo? Pues no. Dejando aparte que fue tan sensible como una pared de ladrillos, la reacción que esperaba era muy diferente. Entiendo que su postura fue la de quitarle hierro, hacer que no me resultara más complicado, y esa era su manera de ayudarme. Pero yo necesitaba que me consolara y se preocupara por mis sentimientos y que no sacara su vivencia porque no era comparable en cuanto a lo que implica el acoso callejero para la mitad de la población. No es solo el piropo, es que te sientes en peligro.

Sé que por mucho que hable y hable y hable, no siempre expreso lo que siento. Por eso, y ante la duda, nada como un

«Dime qué necesitas» o «¿Cómo te puedo ayudar?». Porque a lo mejor lo que necesito en ese momento es que te sientes conmigo en el sofá mientras despotrico de todo el machismo que he aguantado a lo largo de mi vida (será una conversación larga, te aviso). O quizá que me des un abrazo y me prepares una infusión para que me sienta tranquila y en paz. A lo mejor lo que me viene bien es simplemente espacio o que vayamos a dar un paseo y no hablar del tema hasta dentro de un rato. Pero te aseguro que, de todas las opciones, salir con un «No será para tanto» o «Ya se pasará» son las respuestas que no necesito (o aludir a que me afecta tanto porque igual me va a bajar la regla). Estar en pareja es formar equipo, y a veces necesitas que tu compañero reme por los dos mientras tú recobras el aliento. Este es un caso claro de ello.

Puede pasar también que me veas tan segura e independiente con mi innata capacidad de solventar papeleo complejo en poco tiempo que pienses que no necesito tu soporte en determinadas situaciones. Te voy a poner el ejemplo del Titanic: era un barco gigante y resistente hasta que un iceberg le rajó parte del casco. Me pasa lo mismo. Puedo parecer muy fuerte —porque lo soy, ojo—, pero esto no quita que si algo me hiere, me enfada o me preocupa necesite que estés ahí.

Quitar hierro a las situaciones solo consigue invalidar lo que siento, me pone triste, me desconsuela y, no nos vamos a engañar, hace que me enfade contigo, que siempre me tienes para hacerte terapia gratis cuando te da la sensación de que tu amigo Jaime está dejándote de lado por haberse echado novia. Eso es a nivel psicológico, claro, pero el físico no puede quedar atrás. Si estamos juntos mucho tiempo, tendremos momentos en los que te querré a mi lado. Algunos serán más interesantes —como si hago la presentación de este libro, por ejemplo— y otros serán un rollo. No, no es interesante esperar dos horas en una sala de espera del hospital mientras a mi padre le hacen una ablación cardiaca. Pero es lo que hay. En contrapartida, yo estaré ahí para lo mismo. ¿Recuerdas? Somos un equipo.

2
JÓDETE, DISNEY:
NI PRINCESAS, NI PRÍNCIPES

Los dos hemos crecido viendo *La bella durmiente*, *El rey león* o *Hércules*. Nos han leído cuentos clásicos y hemos llegado a la edad adulta pensando que tú tienes que ser el valiente caballero y yo la coqueta princesa (coqueta, no croqueta). Pero lo cierto es que a ti te dan miedo las alturas y a mí lo de estar en casa mirando por la ventana solo me da si es para cotillear al guapísimo vecino de enfrente.

Llegarás al bar, la fiesta en casa de amigos o cualquier lugar en el que te relaciones con mucha gente, me verás y pensarás que tienes que acercarte, empezar con la conquista, encajar mis negativas y seguir luchando por mi atención. Que cuanto más resistente, más deseable te parezco. «El que la sigue la consigue» y todas las películas de acción de Daniel Craig que prueban que al final está la chica como premio te taladran el cerebro. Sin embargo, ni acercarte es tu especialidad ni la mía esperar a que des el primer paso. Me siento más cómoda acercándome yo, pidiéndote el teléfono o buscándote en Instagram. Prefiero ser la que elige el sitio para la primera cita e intentar descifrarte desde el otro lado de la mesa. Lo que me encuentro la mayoría de las veces es un poco desalentador, no te voy a engañar.

Os han enseñado que ser hombre significa tener siempre independencia, alejarte emocionalmente de todas las mujeres que te rodean, no dejarte «cazar», coleccionar chicas como si fueran cromos de fútbol y, por supuesto, decir que todavía te pesa el dolor por aquella novia que se fue con tu mejor amigo en primaria, cosa que todavía no has podido superar (igual es el momento de que te plantees una buena terapia) y te impide amar.

Mientras cenamos, tengo que hacer un doble ejercicio (triple, si pienso en masticar a la vez): escuchar con atención tu *speech* de machito y enfrentarme al impulso que me sale por mi bagaje emocional. Soy la mujer, la que debe demostrarte que el amor todo lo puede, la que te dará toneladas de cariño para compensar tus vacíos emocionales, tu pasado de lisiado del amor. Soy quien debe llevarte por el buen camino de la monogamia diciéndote de una vez que no necesitas seguir haciendo *swipe* en Tinder, que estoy aquí, soy tu princesa de vestido rosa que nunca te dejará, que te aceptará con tus arranques de mal humor porque, al final del hechizo, tu lado más bestia será tan humano y bonito que seremos felices para siempre.

Pero en vez de eso, y viendo la cantidad de cosas en las que tienes que trabajar por tus propios medios, pediré con educación que nos traigan la cuenta, me ofreceré a pagar mi parte y no tendré el más mínimo interés en seguir conociéndote hasta que dejes de interpretar el papel que te ha adjudicado la sociedad (y que se te da de maravilla, no nos vamos a engañar).

Pero aunque esas fantasías estaban muy bien para la adolescencia, han quedado muy atrás. Y que tenga sentido del humor es el nuevo «que no sea emocionalmente inaccesible» (aunque también podría ser «que sea buena persona»). Quiero a mi lado a alguien que no me considere un jarrón de porcelana que se puede romper en mil pedazos. Si tengo problemas, puedo salir sola de ellos, y además tengo un fantástico grupo de apoyo femenino entre mi madre y mis amigas, que siempre están ahí.

Lo que sí quiero es que te dejes la armadura de guerra en el cuarto de adolescente de casa de tus padres y me des cariño, me cuides, me trates bien, como a tu igual, la coprotagonista de la película. Que formemos un *dream team*. Que no tengas miedo a abrirte, a decirme que me quieres, que me echas de menos porque me he ido unos días de viaje... En definitiva, que rompamos con la teoría de que tenemos que querernos de forma contraria, yo renunciando y sacrificándome y tú defendiendo tu libertad a capa y espada. No voy a pasarlo mal, no es mi misión esperar a que te des cuenta de esto. Como la vida son dos días, prefiero buscar una relación sana y tranquila llena de amor.

Pero vaya, que si el amor no nos da toda la felicidad que esperabas, el problema no es el sentimiento, sino tú esperando que ser feliz venga en formato de consumo por parte de otra persona. Y es algo que tiene que depender de ti. Sí, lo digo porque a mí también me ha pasado: crees que la vida es esa cosa triste y deprimente en la que, de pronto, llegará alguien que te sacará de las tinieblas. Y todo serán atardeceres en la playa, música de Taylor Swift, noches de pasión, planes de peli y manta... Pero no, no es así para nada. La felicidad te la tienes que traer trabajada de casa. Puede que quieras reclamar porque en las películas te habían prometido un amor eterno, el «Y fueron felices y comieron perdices». Pero lo que no te decían era que eso no dependía de la otra persona. Estar con alguien puede hacer que se te revolucionen las hormonas, que la oxitocina se te ponga por las nubes y te haga sentir tan unida a la otra persona como si fueras su ropa interior. Pero eso es algo que también consigue la feniletilamina (sí, lo he buscado en Google) del chocolate. Así que mejor querer a alguien y disfrutar del dulce en un estado de felicidad —para multiplicarla aún más—, no como si fuera la solución a nuestros problemas.

3
TU LUGAR EN EL FEMINISMO

Esa es justo una de las cosas que puedes hacer como hombre para involucrarte con el feminismo. Porque si después de haber llegado a este capítulo no te ha quedado claro que para estar conmigo tienes que ser feminista (o al menos estar en proceso de querer serlo), igual necesitas volver a leerlo.

En más de una ocasión alguno me ha preguntado cómo podía ocupar su lugar en el feminismo o qué podía hacer para unirse a la lucha por la igualdad. ¿Pintarse las uñas de negro? ¿Empezar a escuchar un pódcast de Spotify que hablara sobre la menstruación? ¿Y qué pasa con el 8M? ¿Nos parece bien a las feministas que acudan hombres a la manifestación? Mi respuesta es siempre la misma. Más que preocuparte tanto de si hacerte o no una pancarta con un lema para el 8 de marzo, es más importante dar la vuelta a esa pregunta.

Porque la cuestión no es qué espacio puedes ocupar tú como hombre en el feminismo. No necesitamos adalides ni portavoces, podemos representarnos solitas y librar nuestras propias batallas —aunque sea la de ocupar las calles como marea morada o manifestarnos delante del Ministerio de Igualdad cada vez que sentimos que se ignoran las cifras de mujeres asesinadas por violencia machista (lo cual pasa bastante a menudo)—. Tu tarea no es venir a nuestro espacio y hacerte un hueco.

Como hombre, tienes un lugar privilegiado en la sociedad. Un trabajo relevante, un círculo social de poder y, simplemente por lo que tienes entre las piernas, la posibilidad de que en las cenas se te escuche más a ti que a nosotras. Lo que quiero es que cojas ese espacio en el que te mueves —tu lugar de trabajo, tus grupos de WhatsApp con los colegas, los amigos del baloncesto...— y lo hagas feminista.

Y eso es algo que puede ser desde apoyar a una compañera a la que ves que están acosando, creerla y prestarle toda tu ayuda hasta cortar los chistes misóginos que tu amigo de toda la vida está haciendo a la vez que decidís dónde os vais de cañas esta semana. Párales los pies a todos los conocidos que veas que sobrepasan los límites. Imponte. Porque mientras si lo hacemos nosotras somos ignoradas o se nos toma a risa —«Qué pesada, ya está la sobrina feminista amargándonos la comida familiar»—, a ti te van a escuchar. Usa el megáfono que te da tener pene y ponlo al servicio del feminismo. El megáfono, no el pene. Hazlo también cuando se refiera a desconocidos.

Pregúntale a esa chica del bar si la están molestando, enfréntate a su agresor o, si prefieres no hacerlo, distráele pidiéndole la hora. Lo que sea para que ella pueda alejarse. Involúcrate si tu sentido arácnido te dice que esa discusión de pareja tiene mala pinta. Llama a la policía si oyes gritos en casa de tu vecina. No digo que te pongas en peligro, pero sí que en las circunstancias en las que puedas mediar de manera segura lo hagas sin dudar.

Y, por supuesto, conviértete en feminista en casa. No esperes a que se te pidan las cosas, date cuenta de las tareas por hacer y ponte a ello. Levántate de la mesa en el cumpleaños familiar, aunque seas el único hombre que lo hace. Da ejemplo a tus primos pequeños o a tus sobrinos. Friega los platos con los guantes rosas de goma y ponte el delantal para no mancharte al montar los canapés. No nos interrumpas cuando las mujeres hablemos y escúchanos con atención. No nos expliques por qué, según tú, ahora estamos mucho mejor, porque si nos divorciamos podemos recibir una pensión. Involúcrate con tus hijos y con tus padres cuando se hagan mayores. Pídete el día en la oficina para ir a la función de teatro del curso, pero también cuando tengan que operar de la vesícula a tu madre. No tengo que encargarme de recordarte sus citas médicas y de hacerles hueco en mi agenda. La relación no se trata de que te han dado el papel protagonista mientras que yo soy la secundaria que queda bonita en el set y de vez en cuando suelta comentarios graciosos para rellenar segundos de episodio.

4
SOY TU ALIADA, NO TU ENEMIGA

Hasta hace relativamente poco, imaginarte que podías terminar saliendo con una feminista era algo que solo parecía comparable a una película de terror. La imagen de esa mujer sin depilar con pelos en el sobaco más largos que lianas atrapándote, que además odia el sexo (porque todo el mundo sabe que las feministas odiamos el sexo y somos unas malfolladas) sería el drama en tu grupo de amigos. No solo porque te hayas echado novia, sino porque es una novia feminista. Y si encima quieres estar con ella, eres un calzonazos que se va a pasar el día fregando platos mientras ella le hace *pegging* a su antojo (ah, no, perdón, que no nos gusta el sexo) y se dedica a cultivar su odio hacia los niños (porque las feministas odiamos tener hijos) y a comer pizza sin sujetador (tetas libres y muerte a la talla 36).

Lo cierto es que, como habrás comprobado, el imaginario colectivo nos ha hecho un flaco favor describiéndonos casi al borde de la caricaturización. Si tu novia es feminista y te ha regalado este libro —o lo ha hecho tu hermana o tu madre—, verás que poco o nada se parece a ese yeti asalvajado que podías imaginarte lleno de sangre de recién nacidos por la cara.

Algunas nos depilamos, otras no, algunas hacemos deporte, otras no, algunas nos maquillamos, otras no... Una de las cosas bonitas del feminismo es que cada una es un mundo. Y sabemos que no somos un ejemplo en todo, que tenemos incongruencias. Pero lo que no necesitamos es que nos las señales cada dos por tres o que nos digas que, si tan feministas somos, por qué no hacemos nada para que las mujeres se liberen del velo. Tenemos la libertad de elegir qué batallas libramos, y nuestra energía y tiempo son limitados (no podemos ir a Yemen así de repente, ¿crees que mis clientes van a seguir pagándome las facturas si me voy a hacer activismo y dejo sus proyectos abandonados?). Pero sí podemos intentar que nuestro entorno se contagie de nuestras ganas y nuestro sueño de vivir como iguales. Además, otra de las cosas que me gusta del feminismo es que no es perfecto, al revés.

El feminismo lo hacemos entre todos y, como humanos con defectos, no podemos pretender que sea una corriente mística cuyos miembros sean seres inmaculados. Hay mujeres que no se consideran feministas que han podido ir a la universidad o abortar gracias a las feministas que lucharon por esos derechos. Si conseguimos que los avances lleguen poco a poco, los beneficios nos vendrán bien a todas. Para terminar, te diré que no tienes que leerte ciento cincuenta libros sobre el tema (aunque si quieres hacerlo, *Teoría King Kong* de Virginie Despentes o *Cómo ser mujer* de Caitlin Moran son dos buenas opciones), que basta con que sepas en qué punto estás y cómo los pequeños cambios de tu día a día pueden hacer avanzar el feminismo.

Y es que es algo que puede costar tener en mente con nuestras discusiones o nuestros desencuentros, pero no soy tu enemiga, al contrario. Sé que es difícil de recordar cuando te repito por quinta vez que recojas algo o cuando me preocupa que estés dedicándole demasiado tiempo a las apuestas deportivas. Podemos ahorrarnos el trago si te haces responsable de tus pertenencias en nuestro espacio y si te alejas de algo que puede convertirse en una adicción.

Que quiera la igualdad fuera de casa significa que el primer lugar donde puedo conseguirla es en ella. Lo que necesito que quede claro es que todo en esta vida son acuerdos, pero en esos acuerdos tiene que estar garantizada la igualdad de derechos. Es decir, que si tú tienes el derecho de salir de trabajar, ir al gimnasio y quedar con tus amigos, quiero disfrutar del mismo. No que mi día sea ir corriendo al supermercado porque cierran, pasar por casa de tus padres a dejarles la medicación para que duerman y llegar a nuestra casa y ponerme a cocinar a toda prisa, porque en media hora vendrás con un hambre feroz.

Ya te adelanto que, para ti, será una renuncia a tu vida tal y como la conocías. A lo mejor, desde ahora, los planes con amigos solo los podrás hacer en días alternos y tendrás que ir tú a una reunión de la comunidad de vecinos u ordenar el desván, y necesitarás dedicar un par de tardes a ello. Quizá el primer paso es reconocer que puede que en el hogar en el que te criaste tuvieras el privilegio de no formar parte del reparto de tareas (porque las hacía todas o casi todas tu madre). Ahora hay que apechugar. Renunciarás a parte de tu tiempo, las tareas te parecerán monótonas y aburridas porque son siempre las mismas acciones repetitivas y cargarás con el peso de la responsabilidad que implica una relación. Pero estás tratando a tu pareja como una igual. ¿Y no te hace eso más feliz que jugar una hora a la consola? Puede que no, pero estarás poniendo de tu parte para que el mundo sea un poquito más justo.

5

EL CUÑADO QUE
PUEDES EVITAR SER

Una de las figuras imprescindibles de todo, toda o tode feminista es el cuñado. Y no, no es el novio de tu hermana pequeña. Es el cuñado como concepto, un ente tan libre e incontrolable que lo mismo aparece encarnado en la persona que te atiende en el SEPE que en la mejor amiga de tu madre (sí, una mujer también puede ser un cuñado). Puede que te llames Alberto, Tomás o Gonzalo, pero lo que más nos preocupa a las feministas es que te conviertas en un «cuñao». Así, sin nombre propio. Porque el cuñado es una identidad propia que se reconoce en todo el mundo, como Cher, pero en vez de como algo a lo que aspirar, que sería el caso de la cantante, como algo que hay que evitar. El «cuñao» sabe más que nadie del feminismo, ha seguido el caso de Johnny Depp y Amber Heard como si se jugara la vida —aunque nunca ha tenido interés en seguir otros juicios de casos de violencia doméstica—, no entiende de qué nos quejamos y dice que él ayuda en casa siempre que su novia le pide por favor que recoja el tendedero, que están ya las sábanas acartonadas de recibir tanta solera.

Pero, por desgracia, en nuestro país abundan la remolacha azucarera —su producción es muy grande, de verdad— y los «cuñaos». Y siempre tienen puntos de vista machistas. Porque ser un «cuñao» está muy relacionado con la masculinidad. Nadie se imagina el concepto relacionado con un miembro de la familia sensible, empático, que sabe escuchar y está pendiente de que todos estén bien atendidos. El cuñado suele ser el padre de familia (de la suya) y cumple a la perfección el papel que se espera de él: mantener a su prole con el dinero que gana. Fin. Hasta ahí llega su implicación en el asunto. Bueno, y hasta aquella vez en 2017 que pasó la aspiradora porque su pareja estaba doblada en la cama con dolor de cabeza y no le quedó otra.

Se ha elegido al cuñado como exponente de todo lo contrario al feminismo porque suele ser la persona más irritante de la mesa. Todos tenemos uno —casi siempre hombre— con la verdad absoluta sobre todo, aunque piense que Despentes es el nombre de un filósofo griego. El «cuñao» opina de todo, y pese a no saber nada de feminismo, tiene mucho que decir. Y tú vas a escucharlo, por supuesto. Cuando un cuñado empieza a hablar de feminismo es como ver a un perro gruñendo por lo bajini. No sabes qué dice, pero te das cuenta de que está furioso. Él cumple esa máxima: está enfadadísimo porque ve que el feminismo ha venido a romperlo todo. Para él, las feministas somos una amenaza mayor que Godzilla.

Y no es que queramos el apocalipsis, pero el cuñado se imagina el mundo feminista más o menos así: con los hombres obligados a llevar las ingles depiladas y decorando estancias sujetando bandejas de fruta. Lo que hacemos o hemos hecho nosotras a lo largo de la historia, vaya. Además, tiene su tropa de amigos —también cuñados— para reafirmarse, los mismos que defienden con uñas y dientes que una mujer se pueda prostituir, pero si esa misma mujer dice que ha sido violada enseguida se organizarán para asegurar que se lo inventa y que lo que pasa es que no le ha gustado. Y esa es la manera de seguir haciéndolo hasta el fin de los tiempos sin repercusión alguna.

El cuñado es experto en ofenderse. Se ofende si decides dejar de depilarte —según él, es poco higiénico— o si empiezas una relación con otra mujer (o «fase de experimentación», la llama, no vaya a ser que se atragante pronunciando el término «bisexualidad»). Se ofende porque siente que ya no se puede hacer nada, ni decirnos piropos por la calle ni apartarnos por la cintura en la discoteca —pese a que a los hombres nunca les coge de ahí, siempre les toca el brazo para abrirse paso—. Le parece mal porque hasta ahora su manera de relacionarse con el sexo opuesto ha sido machista. Y claro, que ahora esté mal visto y que toda su vida pueda estar en riesgo de ser criticada le aterra. Por eso alzará la voz y se negará a darte la razón cuando le digas que su última despedida de soltero fue machista.

¿Cómo va a ser machista vestir a su colega de mujer? Si es divertidísimo, todos se partieron de risa cuando se puso un vestido de su novia, con peluca y los labios pintados. ¿Cómo va a resultar eso ofensivo? No hace daño a nadie. Somos nosotras, que nos lo tomamos muy a la tremenda y no sabemos ver el lado divertido porque somos unas amargadas. Otro clásico del argumentario cuñadista. Si reivindicamos es porque nos falta un buen meneo, un empotramiento que nos distraiga de todas esas cosas. Pero mi pregunta es: ¿ese pene milagroso logrará la igualdad salarial? Porque si no es así me va a seguir pareciendo importante luchar por el feminismo.

Da igual la cantidad de sexo que tenga o lo satisfecha que esté. Por desgracia, que mi vida sexual sea excelente no paliará la desigualdad social.

Pero vuelvo a la despedida, que me ha quedado mucho pan por desmigar. El cuñado no entrará en razón con lo del disfraz —ni siquiera cuando le dices que en las despedidas de soltera no se disfraza a la novia de hombre para reírse porque ¿qué tiene de divertido?—, pero menos aún si tocas el tema de las *strippers*. Ah no, eso sí que no. Puedes quejarte de la censura de Instagram, de que hay techo de cristal o de que la talla 38 nos aprieta el ch*ch*, pero no le toques a las *strippers* en las despedidas. Por lo visto, es inconcebible una reunión de tíos para celebrar el futuro matrimonio de uno de ellos si no forma parte de la fiesta una desconocida desnuda. Es como si le dices que esta Navidad no habrá turrón. Da igual que haya mil actividades más: surf, alquilar un barco, partido de fútbol, *paintball*, *quads*... Tiene que haber te-tas.

Además, si miras cualquier web de *strippers*, encontrarás una variedad que casi parece que te puedes montar el show a tu gusto: altura, medidas, etnia, infinitas opciones de disfraces de geisha, enfermera, policía, marinerita, azafata de vuelo, etc. En el caso de los *strippers* masculinos, hay uno y gracias. Supongo que, entre nosotras, lo de que un desconocido se desnude por dinero nos hace sentir más incómodas que a ellos. En cambio, está tan normalizado que el pene sea el protagonista si tu amiga se casa... A nadie le extrañará que todas aparezcamos en el bar o en la discoteca con diademas de penes. ¡Viva! ¡Mi amiga se casa con un cipote! Ni siquiera en su despedida es ella la protagonista. En cambio, no verás una despedida de hombres en la que lleven gorritos de vulva. En todo caso, verás al novio con unas tetas falsas a modo «broma» de los amigos. Y si encima no te ríes es porque las feministas no tenemos sentido del humor. Pues perdona que no le encuentre la gracia a que si la mujer aparece en una despedida de soltero, sea solo como caricatura, mediante disfrazar al novio, o como un bien de consumo, la *stripper*. Igual es que no me parece divertido porque no considero que las mujeres seamos un chiste o un producto. Lo siento, «cuñao», por desmontar tu actividad favorita después de comentar en Forocoches, pero aquí no hay respeto hacia nosotras.

6

NO SIEMPRE TIENES QUE IR
DE GUERRILLERO FEMINISTA

¡Y tú que pensabas al empezar el libro que lo de ser feminista no era tan complicado! Resulta que además tienes que enfrentarte cada dos por tres a tus tíos, primos, amigos, compañeros o desconocidos que hacen comentarios en las redes sociales del estilo: «¿Y para cuándo el día del hombre?» (como si no lo fueran los 365 días del año). Igual hasta te toca decirle algo a tu padre. Sí, ¡a tu padre! El hombre no tenía suficiente con que decidieras estudiar otro grado universitario alejándote de la costumbre familiar de hacer ingeniería para que ahora llegues con estas ínfulas de que no puede decir que la Pedroche está buenísima porque la cosifica. Este capítulo es la carta blanca a todo eso, el comodín, el huevito. Porque, entre tú y yo, hay veces que no te apetece entrar en discusiones sobre feminismo. Estás en una terraza tomándote una tapa con tu bebida fresquita más relajado que Amancio Ortega después de las rebajas y solo puedes pensar en que lo último que te apetece es entrar en una polémica.

Lo bueno es que la policía del feminismo no está al acecho en la calle de al lado escuchando las conversaciones desde una furgoneta a ver si respondes o no al comentario de tu amigo Nacho. Es más, la policía del feminismo no existe (aunque me encantaría que la hubiera, me imagino a una tropa de mujeres armadas con pistolas de agua cargadas de sangre menstrual). Nadie vigilará que seas siempre el mayor defensor del feminismo. Porque quienes lo defendemos a capa y espada —y pistola de sangre— a veces también estamos hasta el moño.

Hartas como para decir «lo único que queremos es que en la comida familiar de Navidad no se abra el debate de que mucho nos quejamos para todo lo que hemos avanzado en igualdad». Que solo quiero comerme las croquetas tranquila, por Dios. No pido tanto. No quiero una conversación incómoda en la que la mitad de la mesa me mire mal y la otra guarde silencio. Solo he venido para pasar un buen rato con la gente a la que quiero, fin. Así que en esas ocasiones está justificado que no entres en el debate. A lo largo de los años he desarrollado varias estrategias que te pueden venir de maravilla. La primera, fingir sordera. Si oyes un comentario que te enciende las entrañas y te prepara un discurso feminista digno de la ONU, inspira hondo, cuenta hasta diez y piensa en algo relajante. Puede ser una playa, el repiqueteo de la lluvia, la voz de Iñaki Gabilondo... Lo que mejor te venga.

Si eso no funciona porque insisten en que entres al trapo, puedes explicarles con amabilidad que les invitas a leer cierto libro y discutirlo en otra ocasión, ya que prefieres que sea un debate con conocimiento de causa (y así le encasquetas el marrón a tu yo del futuro, que es algo que siempre funciona). El único problema de este punto es que, por lo general, la mayoría de los hombres se sienten muy formados en feminismo, aunque no sepan definirlo y sigan diciendo que es lo contrario a machismo. Aquí puedes ponerte más firme e insistir. «Mira, *Todos deberíamos ser feministas* de Chimamanda Ngozi Adichie tiene sesenta y cuatro páginas. Es tan cortito que te lo puedes leer en un par de visitas al baño». Ponte serio, crúzate de brazos, aférrate a esa croqueta y niégate educadamente a seguir hablando de eso. Si no funciona porque tu tío es muy pesado, cambia de tema. Hazle un guiño a tu hermano para que confiese que tiene nueva pareja o para que pregunte quién prefiere ponerse solo una alarma para despertarse o quién necesita diecisiete para salir de la cama. Son temas infalibles que funcionan como distracción, y podrás disfrutar de una merecida paz. Pero si no cede en su empeño, finge atragantamiento y que te has quedado sin voz para el resto de la comida, como la sirenita. Que las lecciones de Disney sirvan para algo, no solo para inculcarnos roles de género.

Aprovecha estas estrategias en cualquier otro contexto. Tu salud mental es lo primero, y hay días que no te ves con tanta energía. A mí me pasa. Si por la calle oigo el comentario acosador de turno, dejo que la furia feminista me posea. Pero cuando tu madre te llama para decirte que tu abuela se ha caído, hay un proyecto del trabajo que te agobia o ves que ha salido una nueva grieta en el techo del baño y te das cuenta de que deberías darle otra manita de pintura, lo último que te apetece es añadir más estrés a tu vida.

Esto no significa que te tomes unas vacaciones del feminismo y pases de involucrarte. Simplemente que no estás obligado a estar en todo. No te vamos a quitar el carnet de feminista ni a poner un sello en la frente que nos permita saber que no les dijiste nada a los del fútbol cuando empezaron a hacer chistes sobre ayudar a las ucranianas llevándolas a sus

casas para protegerlas de la guerra (a las rubias, altas, delgadas y guapas, claro). Pasa lo mismo con tus acciones. No tienes que participar en todo si justo el día que sale una senten-
cia con la que no estás de acuerdo tienes el ánimo regular o un
plan con tu amigo que ha venido de México para pasar unos
días contigo.

La clave es que hagas hasta donde quieras y hasta donde
puedas. Que por poco que te parezca que sea, es un montón,
de verdad.

EPÍLOGO

Tómate tu tiempo. Ahora estás atiborrado de información, es normal. Ha sido un viajecito movido. No uno de esos vuelos en los que parece que el avión está suspendido en el aire y te entra una modorra deliciosa mientras atraviesas nubes de algodón. Ha sido un viaje con turbulencias, tormenta, un bebé llorando al lado (pobre, le están saliendo los dientes) y una despedida de soltero —al menos nadie lleva un disfraz de mujer— que se ha juntado con un equipo de hinchas que acaban de ganar la copa (la que sea).

Más que nada porque ahora pensarás en lo que se te viene encima. Ya te estás imaginando nuestra relación a partir de ahora: los lunes manifestación feminista, los martes concentración, los miércoles acompañar a mujeres a clínicas abortistas, los jueves quemar sujetadores y salir en topless por Gran Vía, los viernes boicot a algún nuevo actor cuyos acosos sexuales se hayan destapado, los sábados maratón de series que pasan el test de Bechdel y los domingos siesta. Claro que la siesta es básica. No pretenderás luchar tanto contra el patriarcado y encima el domingo venir a comer con mis padres. No eres supermán, ya lo decía Bustamante. Que ser feminista es muy cansado y hay que recuperar fuerzas para la semana que viene, por supuesto.

Es más, estás empezando a darte cuenta de que se te han acabado las comidas tranquilas en las que tu tío podía hacer comentarios de cuñado, y cada vez que alguien diga en voz alta «No es que sea machista, pero...», sabes que voy a querer saltar con mi discurso bien preparado.

Pero lo cierto es que no, nuestra relación se parecerá mucho a todas las que has tenido en cuanto a dinámica. A no ser que salieras con una famosa, una presidiaria o un fantasma. Te prometo que no tendrás que huir de la policía mientras intentas apagar una prenda de ropa interior femenina en llamas. De hecho, ese es uno de los aspectos que más me frustran (y te van a frustrar) del feminismo, que va con muuucha calma. ¿Sabes la velocidad que alcanza un caracol en una procesión de Semana Santa? Pues el feminismo va a los mismos kilómetros por hora.

No, la igualdad no es una reivindicación que haya empezado ahora. Tiene cientos de años a las espaldas y le quedan muchos por delante. Pero no desesperes, no te agobies pensando en tu sobrina que acaba de nacer y en lo que tendrá que aguantar cada vez que coja el autobús a partir de cierta edad, en lo lentas que van las reformas de las leyes (piensa que hasta el caso de La Manada no se consideraba violación si no había habido violencia o intimidación) o en lo que tardan en extinguirse los dinosaurios que se quejan de que «ya no se nos puede decir nada porque todo es machismo». Lo importante es que, como dice mi madre —a quien puedes llamar «futura suegra» desde ahora— es que la lucha sigue. Y sigue de a poquitos, con cambios que parecen pequeños pero son claves en cuanto a ser conscientes de la que tenemos encima.

Ahora te imagino soltando el libro con una mezcla de

asombro y tristeza. Y paz, vamos a sincerarnos, porque me he puesto muy «intensa» (si lo digo yo no pasa nada). Sí, nuestra realidad es una mierda y el patriarcado es el responsable de ella. Pero quiero pensar que en cuanto reflexiones sobre esto con la almohada, tengas una charla con tus amigas, con tu madre o con tu hermana, podrás digerir mejor todo lo que te he contado. El primer paso era este, que le dieras una oportunidad a nuestro punto de vista. Y ya estás listo para que nos conozcamos por fin, para que nos conquistemos bien, a nuestra manera, que no será de película —porque es justo lo que queremos evitar—, para que hablemos, debatamos de temas serios y de otros tontos, como que si el sol sale por la derecha o por la izquierda, para que salte la chispa, para que nos demos un beso, dos, cincuenta, para que nos comamos de la piel al último pelo del cuerpo, para que nos corramos a tiempo, a destiempo, sin contratiempos, para que discutamos —también, hombre— y nos queramos. Te espero.

AGRADECIMIENTOS

A mi madre, por parirme, para empezar. Porque la tía se estrujó como un limón y trajo una feminista más al mundo. Ella seguramente lo sabía, yo lo descubrí años más tarde. Porque trabajó embarazada, se pidió una excedencia y se quedó en casa criándonos a mí y a mi hermano, asumiendo carga doméstica y mental y la crianza de dos personas muy pesadas y cabezotas (dos aries, tú verás). Porque me regaló mis primeros libros sobre feminismo, me mandó artículos, me hizo reflexionar, pero sobre todo nos educó en igualdad. Ojo, que a mi padre también le estoy agradecida, porque gracias a su trabajo pude dedicarme a lo que me gustaba: ser periodista. También pude irme fuera a estudiar un máster que me llevaría a un trabajo del que me despidieron y así pude encontrar otras pasiones que son las que ahora me llenan. Porque mis idas y venidas han sido muchas, pero siempre ha estado dispuesto a apoyarme e inspirarme con su compromiso con el trabajo. Y siempre hemos podido hablar de mi regla.

A mi hermano, que es la persona a la que más quiero en este mundo, por encima de cualquier pareja —*sorry not sorry*—, que se vino a un 8M para ver de qué iba la movida del feminismo y ya de la marea morada no lo sacas ni con agua caliente, al tío.

A mis amigas Ale, Stanich, Irene, Anna, Gina y Gonza, las que creen en el feminismo y lo practican a diario, las que me enseñan más sobre él que Virginia Woolf, las que hacen que me cuestione por qué hago lo que hago o digo lo que digo, las que me sostienen aunque ellas mismas ni lo sepan. También a las que son feministas sin saberlo y me inspiran para pelear por ellas.

A Melisa, por animarme siempre a darle al teclado más y mejor, por ser la primera persona que me dijo «Tienes que escribir un libro» y consiguió convencerme de que podía hacerlo. Este es el quinto que escribo y el cuarto que publico.

A las mujeres del mundo, porque veo actos de bondad entre nosotras a diario en cosas tan tontas como que compartan en Instagram —sin conocerme de nada— que busco piso para mudarme.

Y, para terminar, a David, la persona que llegó a mi vida sabiéndolo (casi) todo sobre feminismo e, irónicamente, me sirvió de inspiración para escribir este libro haciendo una reflexión sobre lo que sus predecesores nunca habían aprendido. Os quiero mazo a todos. Con los primeros beneficios que saque de esto, la próxima vez que nos veamos invito yo.